装配式市政桥梁创新技术集成与实践

广州机施建设集团有限公司 编著

中国建筑工业出版社

图书在版编目(CIP)数据

装配式市政桥梁创新技术集成与实践/广州机施建设集团有限公司编著. —北京：中国建筑工业出版社，2020.10
ISBN 978-7-112-25639-6

Ⅰ.①装… Ⅱ.①广… Ⅲ.①市政工程-装配式梁桥-桥梁工程-技术革新-研究 Ⅳ.①U448.21

中国版本图书馆CIP数据核字(2020)第234527号

随着我国城市化的高速发展，国内交通、市政基础设施建设涌现出一大批工程量大、建设周期长的项目。对于市政桥梁项目，由于多数横跨市区，传统的现浇施工极易导致施工区域通行能力骤降，影响道路的交通畅通与安全，甚至出现交通的长时间中断，给居民工作和生活带来极大影响。此外，传统现浇现场作业量大、建造效率低、整体能耗高，扰民现象时有发生。

装配式桥梁通过构件工业化制造、装配化施工，可显著加快施工进度，减小对既有交通的干扰，且有利于环境保护。在我国，装配式桥梁起源于跨海大桥，如今在行业政策的支持下，装配式市政桥梁在众多城市市政建设中得以快速发展。

本书通过研制装配式市政桥梁构件细部连接节点的设计技术、预制构件生产制作技术、预制构件安装技术、装配式市政桥梁建造信息化协同管理等，实现了装配式市政桥梁的高效建造和信息化协同管理。这一系列集成技术的研制，旨在把握新时代发展要求，以期能为推动我国市政桥梁建造方式变革尽绵薄之力。

责任编辑：杨　杰
责任校对：张　颖

装配式市政桥梁创新技术集成与实践
广州机施建设集团有限公司　编著

*

中国建筑工业出版社出版、发行(北京海淀三里河路9号)
各地新华书店、建筑书店经销
北京科地亚盟排版公司制版
天津翔远印刷有限公司印刷

*

开本：787毫米×1092毫米　1/16　印张：9½　字数：232千字
2020年11月第一版　2020年11月第一次印刷
定价：**68.00**元
ISBN 978-7-112-25639-6
(36065)

版权所有　翻印必究
如有印装质量问题，可寄本社图书出版中心退换
(邮政编码100037)

前　言

随着我国城市化的高速发展以及城镇人口密度的不断加大，市政桥梁的新建或改造的施工现场条件日益复杂，施工难度大。市政桥梁的建设既要考虑减少对周边交通的影响，也要缩短工期，方便市民尽快使用。同时，我国目前劳动力日益短缺，环境污染压力越来越大，节能、环保等正日益成为我国经济发展的主题。针对劳动力密集且能耗高的传统市政桥梁建造方式，对其升级改造和技术革新已势在必行。因此，寻找到一种更加合理、经济、环保的建造方式并形成一整套成熟的市政桥梁建造技术已迫在眉睫。

与传统市政桥梁建造技术相比，装配式市政桥梁通过工厂生产预制构件，转运至现场后，通过起重机械及相关配套设备即可快速完成预制构件的现场安装，提高其机械化操作水平，在提升品质的同时也加快了施工进度，减少了对既有交通的干扰，现场湿作业减少，有利于环境保护，涵盖墩柱的装配式市政桥梁已成为当今桥梁建设的发展趋势。

本书以实际工程项目为依托，为加快施工速度、减少现场污染、实现低碳化建设，对装配式市政桥梁建造技术开展了相关创新性研究。（1）对预制墩柱、预制盖梁、U形钢箱梁、预制混凝土桥面板及现浇桥面等构件细部连接节点进行了深化设计研究；（2）研发了适用于工厂化生产的重型预制墩柱钢筋笼胎架、钢模台平放-立放翻转模台和预制盖梁钢模台，提出了控制预制混凝土桥面板收缩的一系列措施；（3）提出了防止构件吊装过程出现混凝土崩角的重型预制墩柱、预制盖梁的预埋钢绞线吊点形式、简便的墩柱翻身措施和墩柱底部安装限位钢牛腿的高效精准就位法、保证吊装精度与效率的两段式后浇混凝土预制盖梁形式及二次吊装法；（4）研制了预制墩柱支座注浆、墩柱与盖梁灌浆套筒连接成套工艺；（5）应用无人机航拍与BIM相结合的技术，对预制墩柱、盖梁、上部组合结构进行"设计-生产-运输-吊装-现场湿作业"的全过程预演。上述新技术的集成，提升了预制构件节点连接性能，保证了预制构件生产质量，提高了预制构件现场安装效率和安全性能，实现了建造信息化协同管理。该集成技术在实际工程项目中成功应用，并在研制过程中形成了多项施工工法，取得了显著的经济和社会效益，在同类型工程中有广泛的应用前景，以期能为推动我国市政桥梁建造方式变革尽绵薄之力。

本书的编辑和出版离不开广州机施建设集团有限公司全体同仁的大力支持，特别感谢施工现场工人的辛勤工作，为本书的编制提供了相关的素材。本书在编写过程中参考了部分文献资料，谨向有关专家致以真诚的感谢。由于水平有限，书中难免有错漏之处，恳请广大读者和行业内专家批评指正。

目　录

第1章　装配式市政桥梁创新技术概述 ································· 1
1.1　装配式市政桥梁混凝土结构体系研究 ························· 2
1.2　装配式市政桥梁预制混凝土构件制作 ························· 5
1.3　装配式市政桥梁施工方法研究 ································ 8
1.4　装配式市政桥梁信息化管理研究 ····························· 15

第2章　装配式市政桥梁混凝土结构体系研究 ······················· 20
2.1　预制混凝土墩柱盖梁-U形钢箱梁-预制混凝土桥面板-现浇桥面结构体系 ······· 20
2.1.1　上部结构研究 ····································· 20
2.1.2　下部结构研究 ····································· 24
2.2　预制混凝土构件细部连接节点深化设计 ······················· 25
2.2.1　两段式后浇混凝土预制盖梁深化设计 ················· 25
2.2.2　预制混凝土桥面板与U形钢箱梁的连接节点设计 ······· 27
2.2.3　预制混凝土桥面板与预制防撞栏板的连接节点设计 ····· 32

第3章　装配式市政桥梁预制混凝土构件制作 ························ 35
3.1　预制混凝土墩柱生产 ··· 35
3.1.1　预制混凝土墩柱模块化钢筋笼精加工制作研究 ········· 35
3.1.2　预制混凝土墩柱预埋件安装精度控制研究 ············· 39
3.1.3　预制混凝土墩柱钢绞线吊点优化设计 ················· 44
3.1.4　预制混凝土墩柱钢筋笼横向制作-钢模整体翻转-混凝土立式浇筑工艺 ····· 49
3.2　预制混凝土盖梁生产 ··· 54
3.2.1　大体积钢筋混凝土盖梁生产用钢模板体系研究 ········· 54
3.2.2　大型钢筋混凝土盖梁吊点位置分布及构造研究 ········· 60
3.2.3　预应力钢筋波纹管、大直径灌浆套筒及吊点预埋件定位措施研究 ········· 67
3.2.4　预制混凝土盖梁生产施工工艺研究 ··················· 70
3.3　预制混凝土桥面板生产 ······································· 73
3.3.1　预制-现浇混凝土桥面板整体收缩性研究 ·············· 73
3.3.2　预制混凝土桥面板制作工艺研究 ····················· 77

第4章　装配式市政桥梁施工方法研究 ······························· 81
4.1　预制混凝土墩柱安装 ··· 81
4.1.1　重型预制混凝土墩柱平放-立放翻身措施研究 ·········· 81

4.1.2　重型预制混凝土墩柱底部坐浆、套筒灌浆施工技术研究 …………… 86
　　4.1.3　重型预制混凝土墩柱底部安装钢牛腿联合千斤顶安装调整技术研究 …… 94
　4.2　预制混凝土盖梁安装 …………………………………………………………… 97
　　4.2.1　大型预制混凝土盖梁可调节支撑平台系统研究 …………………………… 97
　　4.2.2　大型预制混凝土盖梁二次吊装工艺研究 …………………………………… 99
　　4.2.3　大型预制混凝土盖梁灌浆套筒灌浆研究 …………………………………… 104
　　4.2.4　预应力筋分阶段张拉技术研究 ……………………………………………… 106
　　4.2.5　预应力混凝土盖梁高精度安装工艺研究 …………………………………… 107
　4.3　U形钢箱梁-预制混凝土桥面板安装 …………………………………………… 108
　　4.3.1　U形钢箱梁安装工艺研究 …………………………………………………… 109
　　4.3.2　预制混凝土桥面板安装工艺研究 …………………………………………… 127

第5章　装配式市政桥梁信息化管理研究 …………………………………………… 130
　5.1　BIM技术指导预制混凝土构件生产制作 ………………………………………… 130
　　5.1.1　预制混凝土构件产业化工厂场地布置 ……………………………………… 130
　　5.1.2　预制混凝土墩柱生产制作 …………………………………………………… 130
　　5.1.3　预制混凝土盖梁生产制作 …………………………………………………… 132
　5.2　无人机航拍结合BIM技术 ……………………………………………………… 133
　　5.2.1　无人机航拍结合BIM技术开展施工场地布置预演 ………………………… 133
　　5.2.2　无人机航拍技术控制物资运输车辆发车时刻 ……………………………… 135
　5.3　BIM技术指导施工工艺工序预演 ………………………………………………… 138
　　5.3.1　装配式市政桥梁施工预演 …………………………………………………… 138
　　5.3.2　装配式市政桥梁预制混凝土墩柱-盖梁安装预演 …………………………… 139
　　5.3.3　装配式市政桥梁上部结构施工预演 ………………………………………… 141

参考文献 …………………………………………………………………………………… 143

第 1 章　装配式市政桥梁创新技术概述

随着我国城市化的高速发展，以及城镇人口密度的不断加大，在城市中进行市政桥梁新建或改造的条件日益复杂和困难，既要考虑减少对周边道路的影响，也要考虑缩短工期，使工程尽快投入使用。另外，我国目前劳动力日益短缺，环保压力越来越大，节能、环保、低碳正日益成为我国经济发展的主题，对于劳动力密集且能耗高的传统市政桥梁建造方式来说，升级改造和技术革新已经是势在必行，因此寻找到一种更加合理、经济、环保的结构体系代替传统混凝土结构体系，并形成一整套成熟的市政桥梁建造工艺已经迫在眉睫。

钢-混组合桥梁结构既能充分发挥混凝土抗压强度高的优势，又能很好利用钢材的抗拉性能，同时也可以采用装配式施工；与钢结构相比，费用便宜；与混凝土结构相比，环保性能好，施工速度快，可以广泛应用于桥梁工程领域。

装配式桥梁是加快施工速度、减少现场污染、实现低碳化建设的有效手段，具有如下优势。

（1）质量可靠：装配式桥梁，采用智能化的钢筋加工，工厂化的构件预制，标准化的程序施工。采用高性能自密式混凝土，加上 M100 的湿接缝高性能砂浆，高精度定位，保证了桥梁预制混凝土构件的内在质量。通过标准化结构的固定工程量和单价，减少了人为干预和人为增加设计变更发生的概率。而工厂化、信息化、规范化的生产和施工，也避免了偷工减料的发生，从而确保施工单位主动通过提高施工效率来提升生产效益。

（2）建造速度快：装配式桥梁的主要优点之一就是建造速度快，减少交通封闭，降低对车道的占用，对周边交通干扰小。在进行桩基础施工的同时，还可以进行墩柱、桥台及梁板的预制，边施工边安装。充分利用夜间交通干扰小的时间段，封锁一至两个车道，即可进行桥梁构件拼装作业。

（3）安全系数高：没有了大量密集的支架，也减少了高空作业的工人。只需要 5、6 名固定的装配工人和机械相配合，即可完成一座大型桥梁的装配作业。减少了安全隐患，降低了高坠事故发生的概率，安全生产得到了进一步保障。同时，对连接材料和结构模型进行的多次模拟试验和验证，也确保了桥梁结构自身的安全。

（4）性价比高：造价方面，由于装配式桥梁还处在局部范围内的小规模生产，造价会比普通的桥梁增加 5%～10%，但在规模化生产之后，将会进一步降低，甚至持平。另一方面，装配式桥梁在节约交通疏解费、安全文明措施费，以及时间成本的同时，还进一步节约了大量人工成本和因工期减少的管理成本，并具有减少交通堵塞、粉尘污染、噪声污染和木材消耗等方面的社会效益。

然而钢-普通混凝土组合梁桥的桥面板在施工时混凝土的收缩徐变，以及运营过程中的车载的反复作用和温度应力的影响，容易导致钢-普通混凝土组合梁桥的桥面板开裂；同时目前应用较为广泛的多梁式钢-混凝土组合小箱梁桥其面板下方均为钢板，用钢量也比较大，非常不经济。

1.1 装配式市政桥梁混凝土结构体系研究

1. 预制混凝土墩柱盖梁-U形钢箱梁-预制混凝土桥面板-现浇桥面结构体系

研制"预制混凝土墩柱-预制混凝土盖梁-U形钢箱梁-预制混凝土桥面板-现浇桥面"的新型市政混凝土桥梁组合结构体系，该装配式市政桥梁混凝土结构体系由重型预制混凝土墩柱、两段式后浇预应力混凝土盖梁、支座、U形钢箱梁、预制混凝土桥面板拼装、后浇混凝土形成组合式桥跨结构。该装配式市政混凝土桥梁的设计与建造，大大缩短了现场施工工期，减少了钢材用量，减少了结构自重和模板使用量等（图1-1～图1-4）。

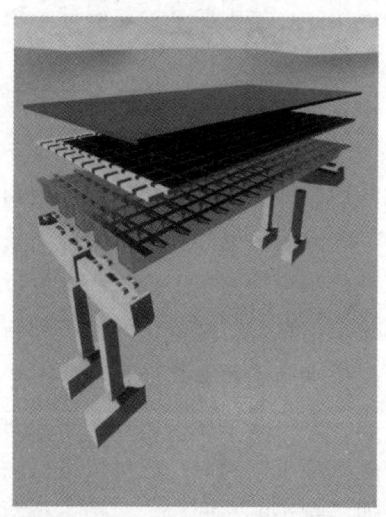

图1-1　新型市政桥梁结构体系三维图　　图1-2　新型市政桥梁结构效果图

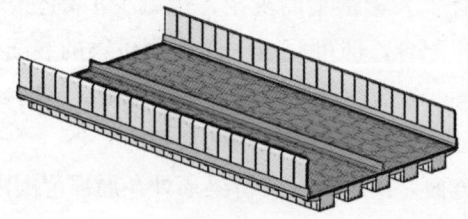

图1-3　全宽预制桥面钢板组合桥梁上部结构图

2. 构件细部连接节点深化设计

对构件细部连接节点进行深化设计，强化了构件细部的整体连接质量和性能，主要包括：

第1章 装配式市政桥梁创新技术概述

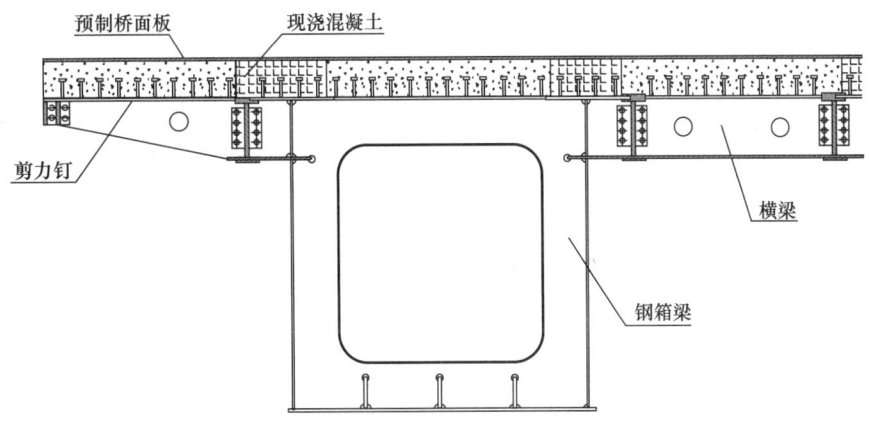

图1-4 U形钢箱梁-预制混凝土桥面板-现浇桥面连接处结构剖面图

(1) 采用两段式后浇混凝土预制盖梁深化设计形式,可以有效减少阶段拼装带来的局部应力集中现象发生,可解决既有市政道路交通繁忙、桥梁现场施工空间狭小下高效施工问题,主要在人型悬臂盖梁工程应用有其独特的优势(图1-5~图1-7)。

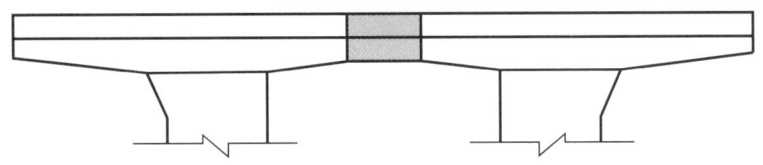

图1-5 两段式后浇混凝土预制盖梁结构示意图

图1-6 两段式后浇混凝土预制盖梁模拟图　　图1-7 两段式后浇混凝土预制盖梁施工图

(2) 提出了预制混凝土桥面板U形预留筋连接形式、U形钢箱梁-预制混凝土桥面板的连接节点密封措施、剪力钉间距调整及隔排后装措施等,强化了预制混凝土桥面板与U形钢箱梁的整体连接质量和密封性能(图1-8~图1-11)。

(3) 边梁预制桥面板与预制防撞栏杆连接处采用企口连接+灌浆波纹管连接,中间预制桥面板与预制防撞栏杆连接处采用企口+环氧树脂胶连接,解决预制桥面板与预制防撞栏杆的连接问题(图1-12、图1-13)。

图1-8 预制混凝土桥面板U形预留筋　　图1-9 U形钢箱梁-预制混凝土桥面板节点密封

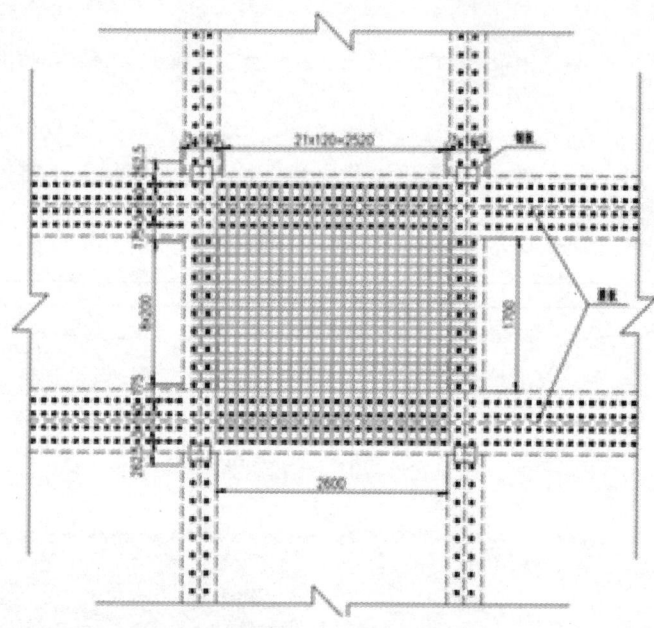

图1-10 剪力钉间距调整及隔排后装

 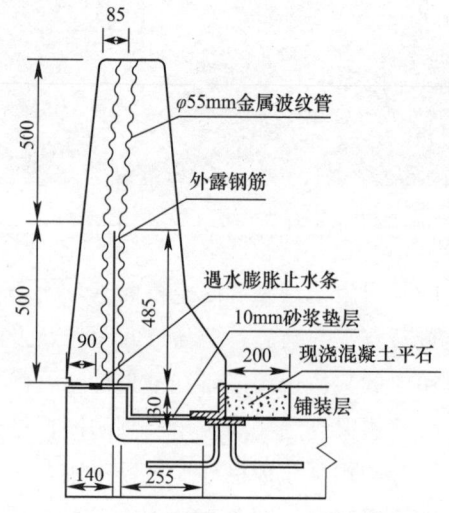

图1-11 U形钢箱梁-预制混凝土桥面板节点　　图1-12 企口连接＋灌浆波纹管连接

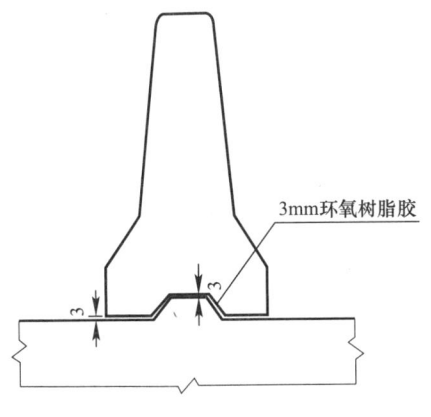 

图 1-13 企口＋环氧树脂胶连接

1.2 装配式市政桥梁预制混凝土构件制作

1. 预制墩柱生产研究内容

（1）研制适用于模块化精加工的墩柱钢筋笼胎架及定位板，保证了墩柱钢筋笼及套筒安装精度（图 1-14～图 1-16）。

图 1-14 模块化精加工的墩柱钢筋笼胎架　　　　图 1-15 钢筋定位板

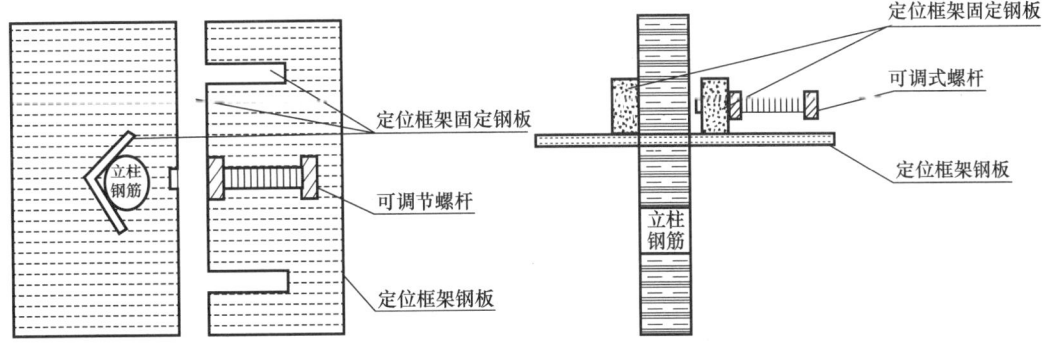

图 1-16 钢筋定位框架示意图

(2)设计并优化了预制墩柱钢绞线吊点及吊装工艺,保证了预制墩柱场内快速移位(图1-17)。

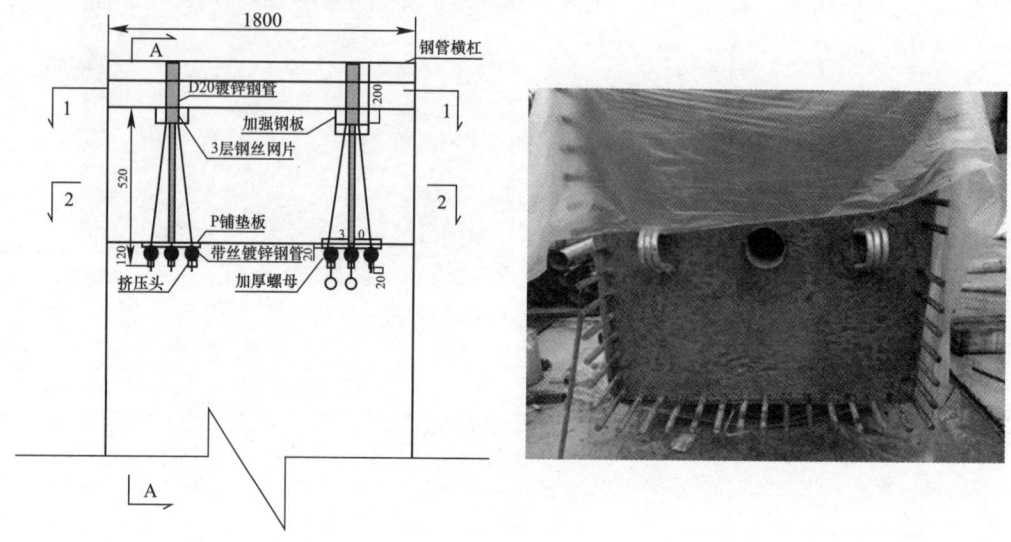

图1-17 预制墩柱钢绞线吊点

(3)采用立式浇筑的预制墩柱生产工艺方式(图1-18),设计了新型专用翻转台,实现了大刚度模板带钢筋笼整体翻转,能够顺利完成横向至竖向的工况转换。

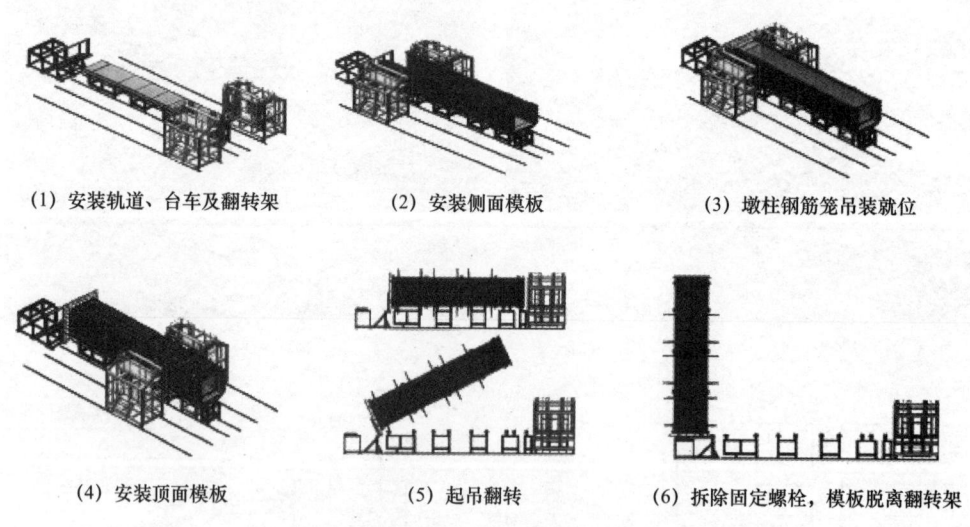

图1-18 墩柱钢筋笼入模、翻转及固定全过程

2. 预制预应力混凝土盖梁生产研究内容

(1)设计并优化了用于大体积钢筋混凝土盖梁生产用的钢模板体系,预应力钢筋的波纹管、大直径灌浆套筒及吊点预埋件可精准定位,保证了盖梁的生产质量(图1-19)。

(2)设计并优化了大型钢筋混凝土盖梁的吊点位置及钢绞线吊点构造,通过有限元模型对吊点受力进行了分析,保证了重型预制预应力混凝土盖梁的吊运安全(图1-20、图1-21)。

图1-19 大体积钢筋混凝土盖梁生产用的钢模板体系

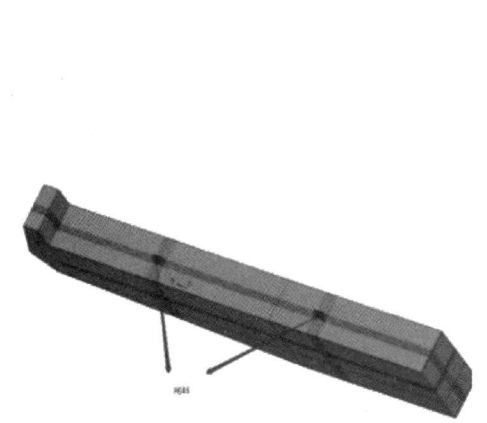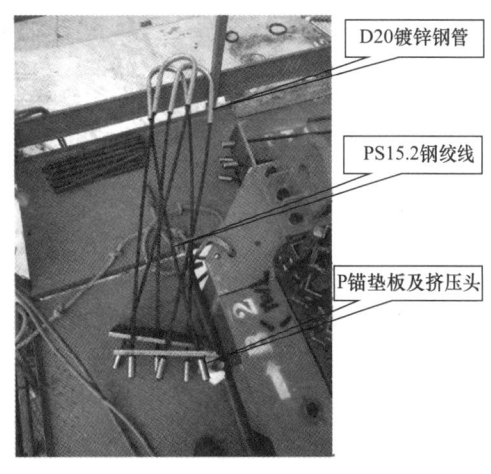

图1-20 吊点位置受力分析　　　图1-21 U形钢绞线吊点构造实物图

(3)针对带有灌浆套筒的预制预应力混凝土盖梁体系,形成了一套成熟的标准化生产工艺,加快了生产进度,规范了预制预应力混凝土盖梁的生产过程,保证了生产质量(图1-22)。

3. 桥面板生产研究内容

(1)通过提高预制桥面板混凝土龄期至180d及现浇桥面混凝土采用严格控制配合比及加强养护的参加UEA的无收缩C50混凝土措施,解决桥面板收缩变形问题(图1-23)。

(2)研制了预制混凝土桥面板生产工艺流程,规范了全过程质量控制,保证了生产质量(图1-24)。

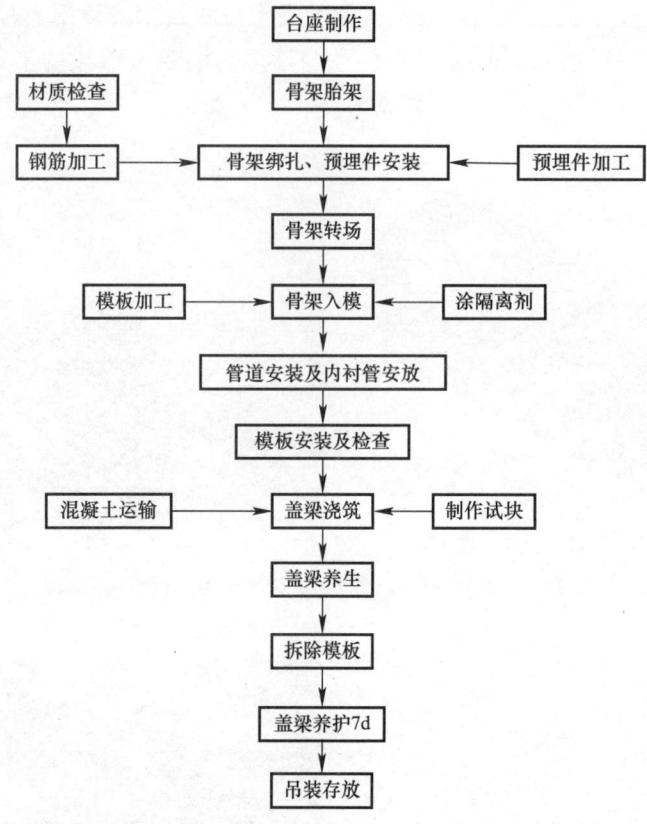

图 1-22 带有灌浆套筒的预制预应力混凝土盖梁生产工艺流程

图 1-23 预制桥混凝土面板生产

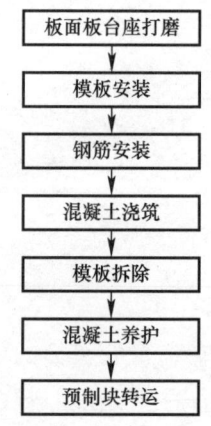

图 1-24 预制桥混凝土面板生产流程

1.3 装配式市政桥梁施工方法研究

1. 重型预制墩柱安装研究内容

重型预制墩柱尺寸为1.8m×1.8m×(8.5~10) m，最大重量91t，数量24根。重型预制墩柱的施工在目前尚无成熟的经验，在国内可借鉴参考的案例也极少。因此，全装配式市政桥梁中重型预制墩柱的安装是整个全装配市政桥梁的重点和难点。

（1）提出了简便适用的重型预制墩柱翻身措施，保证了重型预制墩柱从平放到立放过程中的安全和质量（图1-25）。

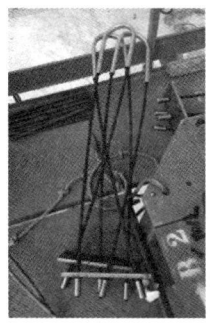

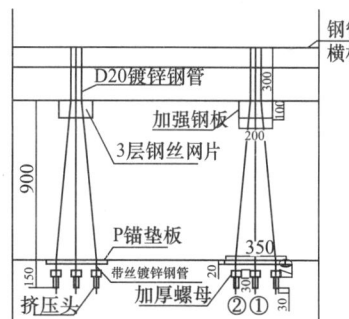

新型柔性吊点——钢绞线

专用辅助件——保证了吊点间距及伸出长度，防止立柱转体翻身时，
吊点钢绞线损伤立柱顶面混凝土

墩柱平躺卸车

墩柱翻身

图1-25 重型预制墩柱翻身措施

（2）总结了操作性强的底部坐浆及套筒灌浆工艺，有效保证了施工质量及结构安全（图1-26、图1-27）。

图1-26 底部坐浆工艺

图1-27 底部套筒灌浆工艺

（3）提出了底部安装钢牛腿，联合千斤顶对重型预制墩柱进行安装调整的方法，解决了重型预制墩柱的垂直度及水平调试（图1-28）。

（4）形成了重型预制墩柱安装技术（图1-29）。

2. 预制盖梁吊装研究内容

针对装配式预应力混凝土盖梁高精度安装关键技术进行研究，主要内容包括：

（1）研发了可调节的临时支架及平台系统，实现了大型装配式盖梁吊装校正及预制混凝土构件的平稳拼接（图1-30）。

第1章 装配式市政桥梁创新技术概述

千斤顶设置及初步调整　　　　墩柱位置调整

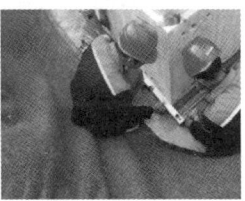

千斤顶卸载及复核

图 1-28　预制墩柱底部高效精准固位法

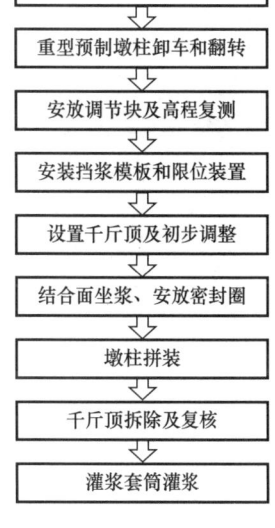

图 1-29　市政重型预制墩柱安装工艺流程图

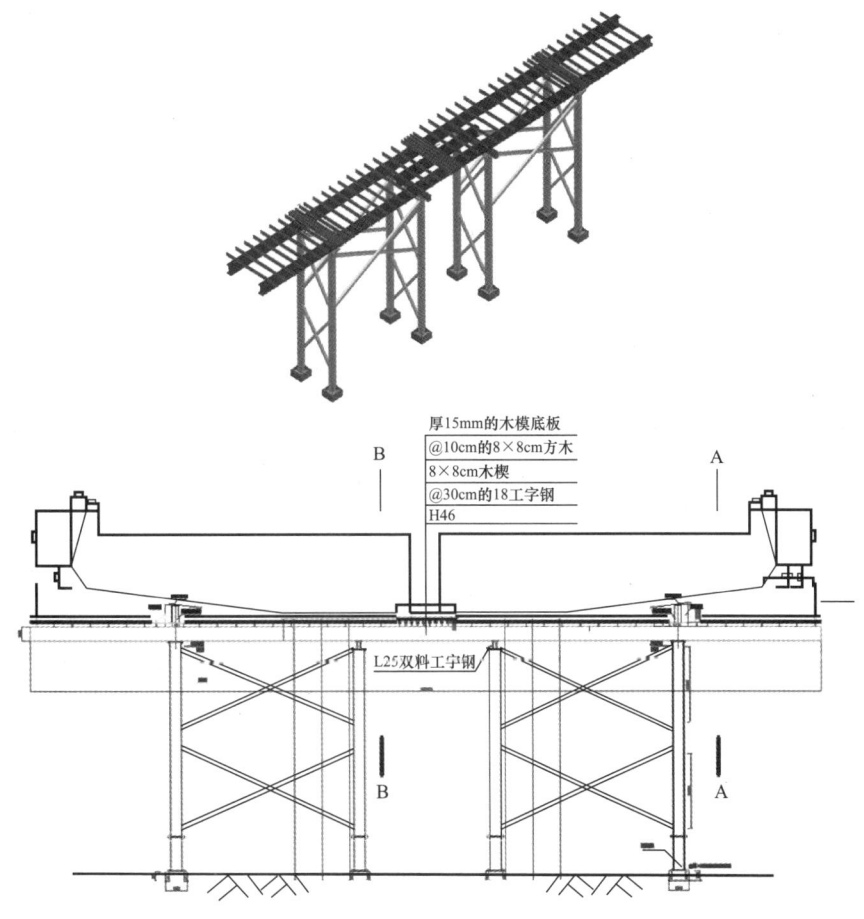

图 1-30　预制盖梁可调节的临时支架及平台系统

11

（2）采用二次吊装施工工艺，有效提高了坐浆质量及构件拼接精度（图1-31～图1-34）。

图1-31　盖梁第一次试吊后提起盖梁进行坐浆

图1-32　二次吊装盖梁

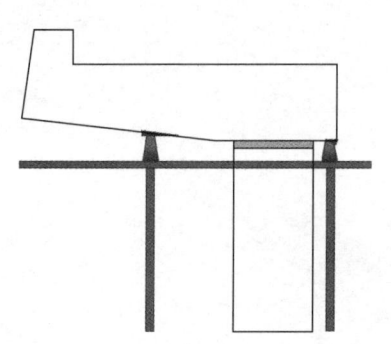

图1-33　第一次吊装时调整盖梁并设置限位

图1-34　支架顶端的可调节限位装置

（3）研发出支座注浆工艺及灌浆套筒连接工艺，构件连接简单、整体性好（图1-35）。

图1-35　支座注浆工艺

（4）对预制盖梁采用分阶段预应力张拉工艺，有效减少预应力的损耗，确保了盖梁的有效承载力（图1-36）。

（5）形成了一整套预制混凝土盖梁安装技术（图1-37）。

第1章 装配式市政桥梁创新技术概述

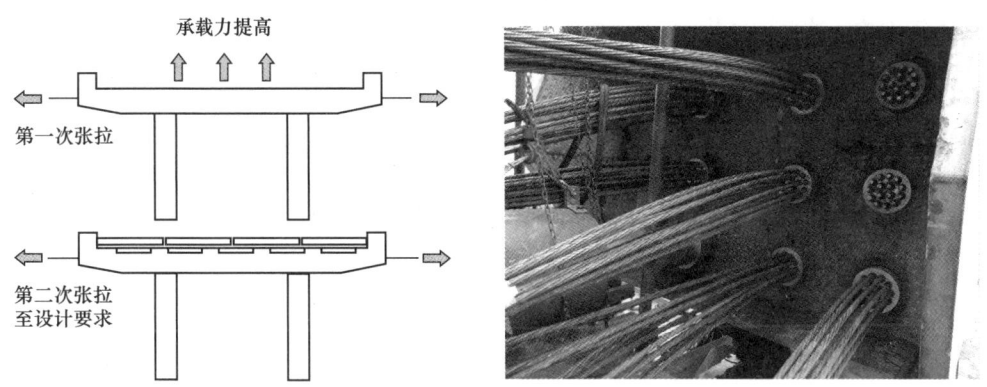

图1-36 预制盖梁采用分阶段预应力张拉工艺

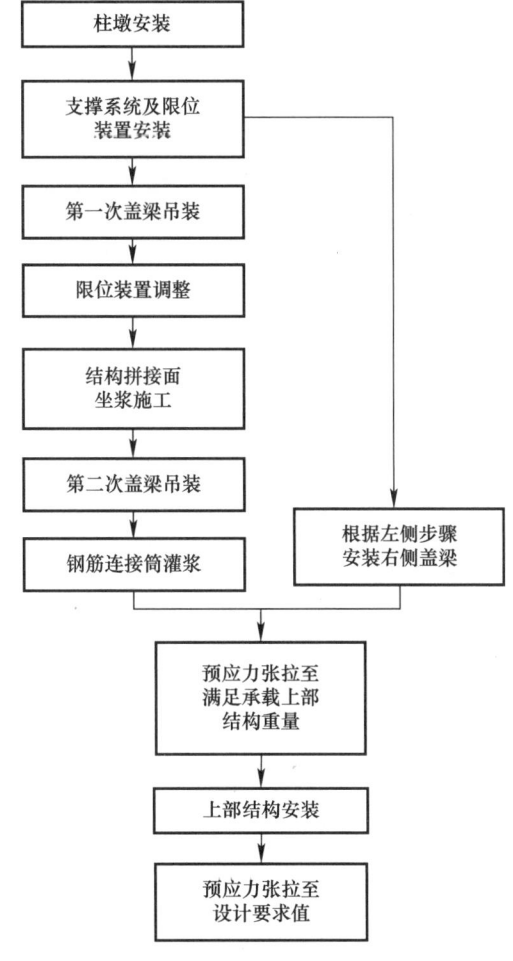

图1-37 预制盖梁安装工艺流程

3. U形钢箱梁-预制桥面板研究内容

针对U形钢箱梁-预制混凝土桥面板-现浇桥面的市政桥梁组合结构施工关键技术进行研究，深化了大跨度U形钢箱梁吊装支撑体系，优化了施工工艺，形成了一套完整的U

形钢箱梁-预制混凝土桥面板-现浇桥面的市政桥梁组合结构施工技术（图1-38、图1-39）。

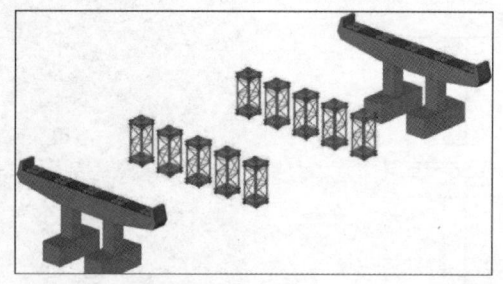

图1-38 大跨度U形钢箱梁吊装支撑体系模拟

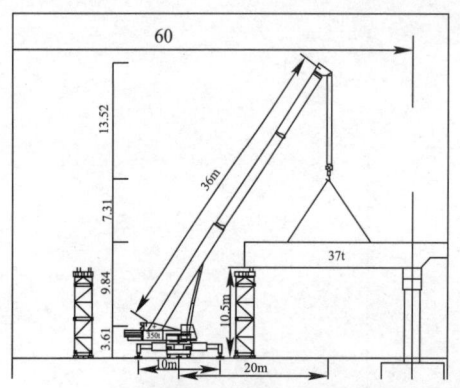

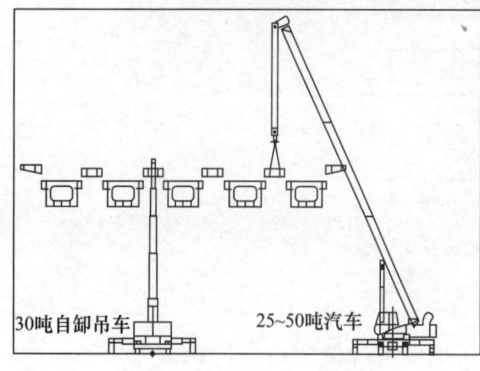

图1-39 大跨度U形钢箱梁吊装

1.4 装配式市政桥梁信息化管理研究

1. 预制混凝土构件产业化工厂场地布置

基于BIM技术，结合工厂生产设备，可以较直观地对产业化工厂进行场地模拟设计，根据业务需求，及时对场地布置进行微调，以适应生产资源最小化和生产效益最大化的目标（图1-40）。

2. 预制混凝土构件生产制作

应用BIM技术，参建的设计、生产、施工、监理各方开展协同深化设计，按生产施工工艺流程模拟建立实时的可视化模型，组织物、料、机开展生产施工，开展预制混凝土墩柱钢筋笼横向制作-钢模整体翻转-混凝土立式浇筑等工艺工序的预演；开展了轨道、台车及

图1-40 BIM技术指导预制混凝土构件产业化工厂布置

翻转架的安装模拟，开展了侧面模板安装、墩柱钢筋笼吊装就位、顶面模板安装的模拟，开展了大体量高精度钢筋笼翻转的可视化模拟；细化了操作要点，明确了质量控制要点，消除了生产过程中安全隐患特别是翻身过程中的安全隐患（图1-41）。

3. 无人机航拍结合BIM技术开展施工场地布置预演

通过无人机航拍的鸟瞰照片即现场实际情况，利用BIM系统对现场平面、临设建筑、

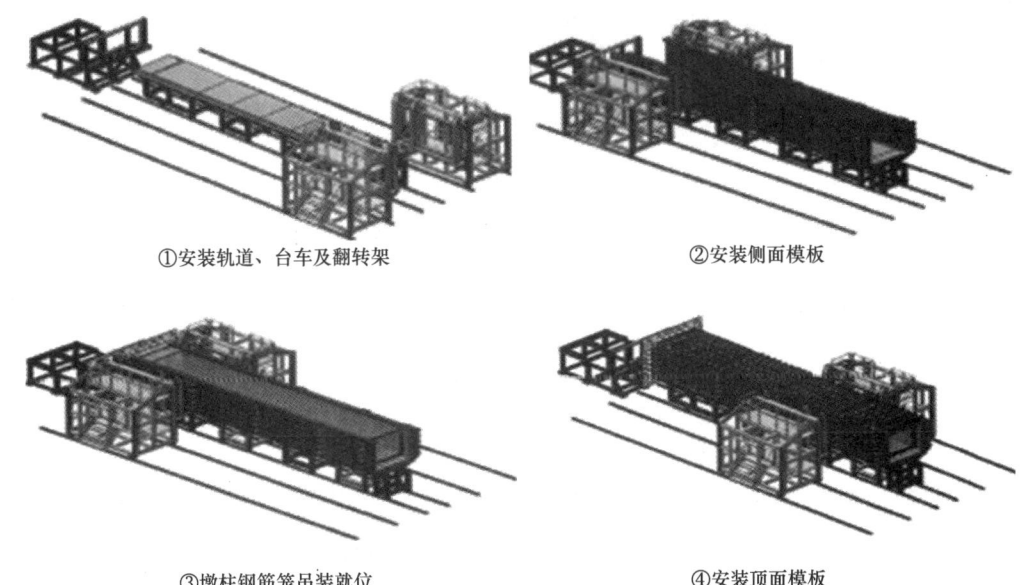

①安装轨道、台车及翻转架　　　　　　　②安装侧面模板

③墩柱钢筋笼吊装就位　　　　　　　　　④安装顶面模板

图1-41 BIM技术指导墩柱钢筋笼入模、翻转及固定全过程（一）

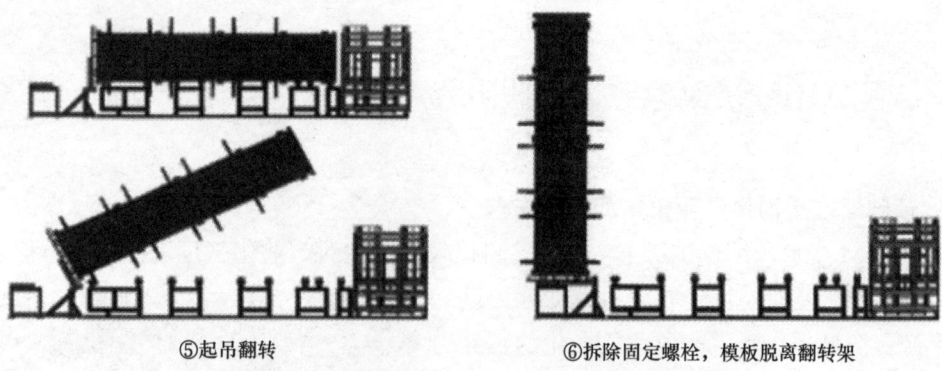

⑤起吊翻转　　　　　　　　　　　　⑥拆除固定螺栓，模板脱离翻转架

图1-41　BIM技术指导墩柱钢筋笼入模、翻转及固定全过程（二）

施工机具、运输通道等进行建模，对施工现场的空间布局进行深化设计，最大程度优化平面道路、原材料及构件堆场，从而保证各个功能分区能高效运作且不会相互干扰，保证车辆的停放有序，特别保证预制混凝土构件安装场地空间布局，合理调配大型起重机械卸车，对现场所需物资堆放的位置科学布置，保证卸车后不会影响到其他施工车辆和机具的通过等（图1-42）。

 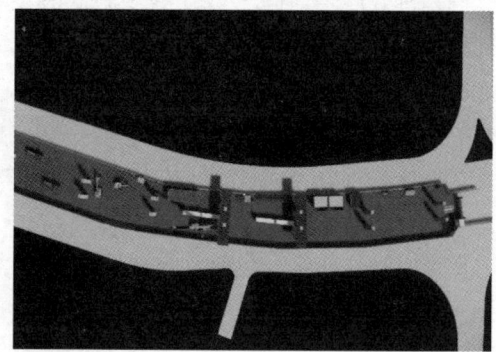

图1-42　应用无人机航拍结合BIM技术开展施工场地布置

4. 无人机航拍技术控制物资运输车辆发车时刻

通过无人机航拍对施工场地进行合理布局后，考虑应用无人机航拍技术控制物资运输车辆发车时刻，运输过程中仅需在运输车辆到达时在转弯位置安排人员辅助即可，大大减少了人员的投入、缩短了运输的时间，极大限度上保证了人员的安全（图1-43）。

5. 装配式市政桥梁建造方案及工序预演

基于综合优化后的BIM模型，对装配式市政桥梁混凝土预制构件安装工序进行预演，通过动画的方式表现施工进度安排情况，明确各关键工序人、材、机参与情况，使施工人员直观、快速地了解施工工艺，加快施工进度（图1-44）。

6. 装配式市政桥梁上部结构施工预演

装配式市政桥梁上部结构施工方案编制前，参建各方在同一界面和标准下有效沟通，建立BIM模型，在施工过程中，按照实时模型依次开展施工工艺工序预演，对构配件运输、堆放、支撑、吊装、调整、固定、连接、成品保护等工序进行技术攻关和工艺工序预演及优化，进行施工进度、质量控制，排除现场安全管理隐患，达到降低成本，缩短工期的目的（图1-45～图1-49）。

图1-43 无人机终点拍摄参数调取

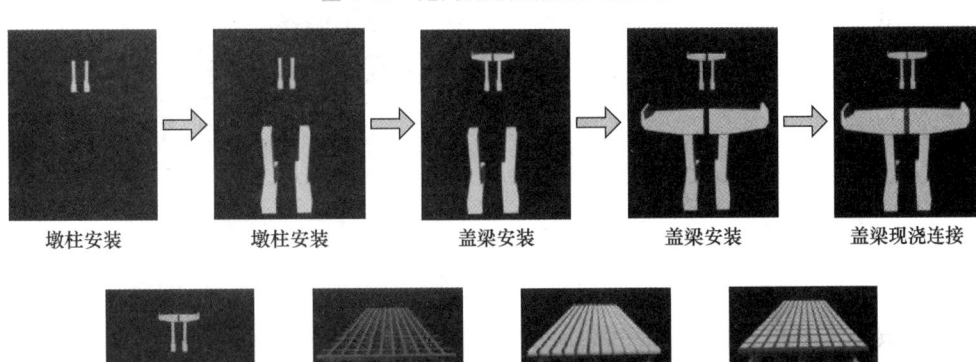

图1-44 BIM技术模拟市政桥梁建造工序

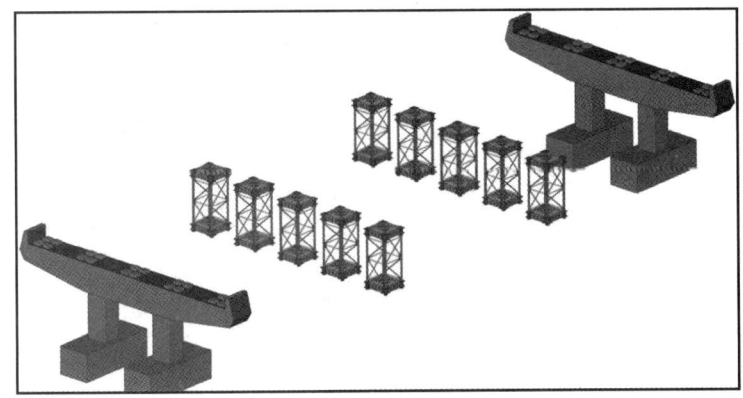

图1-45 U形钢箱梁临时支架搭设模拟

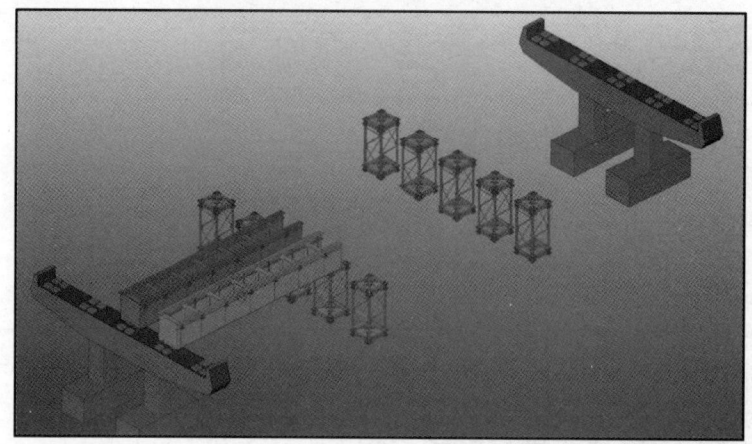

图 1-46　U形钢箱梁梁段吊装作业模拟

图 1-47　U形钢箱梁吊装作业模拟

图 1-48　大跨度U形钢箱梁吊装模拟

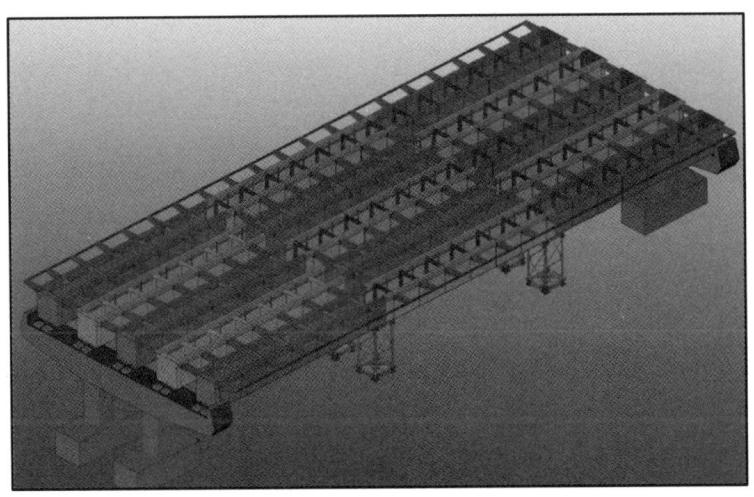

图 1-49 散装连接梁和挑翼梁模拟

第 2 章　装配式市政桥梁混凝土结构体系研究

2.1 预制混凝土墩柱盖梁-U 形钢箱梁-预制混凝土桥面板-现浇桥面结构体系

2.1.1 上部结构研究

1. 现浇钢-混结构桥梁研究

现浇钢-混结构是目前常见的桥梁结构设计形式之一，其上部结构主要采用两种结构形式：矩形钢箱梁式桥梁上部结构（图 2-1）或 U 形钢箱梁式桥梁上部结构（图 2-2）。两种现浇钢-混桥梁上部结构施工流程如图 2-3 所示。

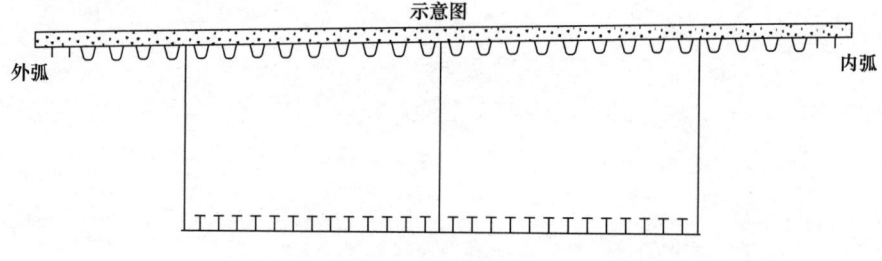

图 2-1　矩形钢箱梁式桥梁上部结构剖面图

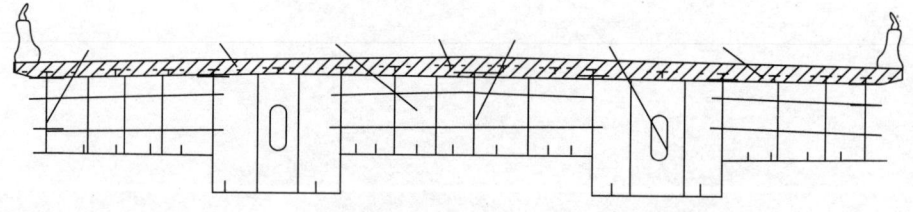

图 2-2　现浇 U 形钢箱梁式桥梁上部结构剖面图

（1）矩形钢箱梁的优势和不足

采用矩形钢箱梁结构形式的优点是：可以直接将矩形钢箱梁的顶板当作桥面板的模板，减少了支架及模板的使用，并且现浇混凝土施工作业大部分在矩形钢箱梁的上方进行，减少了高空作业的风险。

采用矩形钢箱梁结构形式的缺点也非常明显：钢箱梁用钢量巨大、造价高；另外，钢

第2章 装配式市政桥梁混凝土结构体系研究

箱梁自重大,吊装需要采用大型起重机,设备费用高。

(2) U形钢箱梁的优势和不足

采用U形钢箱梁结构形式的优点是:大大减少了钢箱梁的用钢量,减少了造价,减轻了结构的自重,可以采用较小型的起重机进行吊运。

采用U形钢箱梁结构形式的不足是:其现浇桥面板的模板支架体系复杂,搭设难度大,工期长,且需要劳动力多。

(3) 现浇钢-混结构的不足

不管是采用现浇-矩形钢箱梁还是采用现浇-U形钢箱梁结构形式,市政桥梁采用现浇混凝土桥面板形式,不仅存在现场湿作业多、作业环境较差、对周边生活环境影响大的问题,而且由于支架模板的搭设以及混凝土的养护需要长时间的占用交通道路,对周边交通环境影响大。

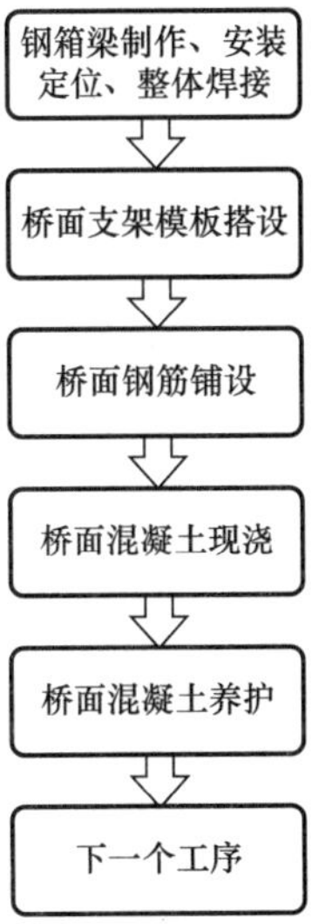

图2-3 现浇钢-混结构桥梁施工流程图

2. 装配式钢-混结构桥梁研究

目前装配式钢-混结构桥梁的研究集中在预制高性能混凝土(HPC)、预制超高性能混凝土(UHPC)桥面板或全宽度预制桥面板等方面,具体如下:

(1) 预制UHPC板与钢箱梁组合桥梁

预制UHPC板与钢箱梁组合桥梁的结构形式如图2-4所示,其施工工序如图2-5所示。

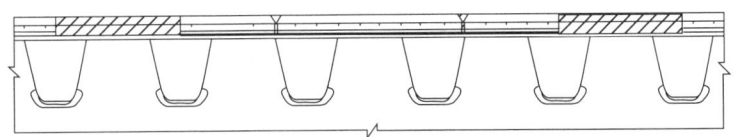

图2-4 预制UHPC板与钢箱梁组合桥梁剖面图

预制HPC桥面板和预制UHPC桥面板主要的优点是它们都有良好的工作性能、抗渗性能和耐久性,但是其作为主要研究的一个方向是因为其具有较高的强度和较好的体积稳定性:较高的强度,即在承载力相同的情况下,预制HPC桥面板和预制UHPC桥面板的厚度明显小于普通混凝土桥面板,大大减小了桥梁上部结构的自重;较好的体积稳定性,即混凝土在硬化早期具有较低的水化热,硬化后期具有较小的收缩变形,减少了桥面结构裂缝的产生。

采用装配式预制HPC或UHPC桥面板形式,大大减少了现场的湿作业工作量,减少了对环境的污染,减少了施工工期,大幅度减少了占用道路的时间,降低了对现场交通环境的影响。

但是采用装配式预制HPC或UHPC桥面板形式的也存在如下两个问题:第一,HPC和UHPC的价格相对普通混凝土来说非常的高昂,几倍于普通混凝土的价格,这直接提升了整体的造价;第二,现场施工HPC和UHPC相对普通混凝土较困难,可能存在混凝土开裂等质量隐患,质量难以得到保障。

（2）全宽预制桥面板-钢板组合梁桥

如图 2-6 所示，全宽预制混凝土桥面板-钢板组合梁桥主要优势有三个：一是预制混凝土桥面板下采用钢桁架结构，减少了钢材的用量，减少了整体的造价；二是桥面板为全宽预制，减少了现场的湿作业的工作量，减少了对现场环境的污染；再则，采用桥面板先在工厂预制再现场安装的施工形式，大幅度缩短了施工工期，缩短了施工过程中对道路的占用时间，大大降低了对周边道路的影响。

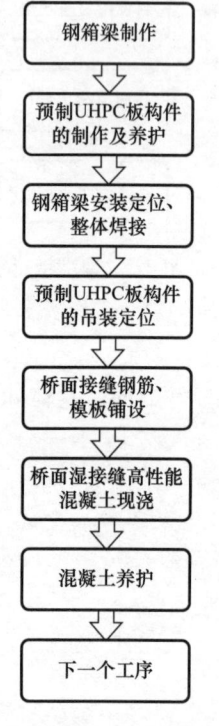

图 2-5　预制 UHPC 板与钢箱梁组合桥梁施工流程图

图 2-6　全宽预制桥面板钢板组合梁桥结构效果图

但是全宽预制混凝土桥面板-钢板组合梁桥也存在不足：安装预制混凝土构件对吊装设备的要求非常高，全宽预制桥面板的安装必须采用大型起重机或者采用大型龙门吊等大型设备；预制混凝土桥面板的安装定位要求高，操作难度大。

3. U 形钢箱梁-预制混凝土桥面板-现浇桥面结构研究

综上所述，传统现浇钢-混梁桥存在施工工期长、现场湿作业量大、对环境污染大的问题，而现有的高性能混凝土装配式钢-混结构桥梁也存在造价高的难题。为了解决上述两种结构形式存在的问题，我们提出一种新的市政桥梁上部组合结构：U 形钢箱梁-预制混凝土桥面板-现浇桥面的装配式市政桥梁组合结构，U 形钢箱梁-预制混凝土桥面板-现浇桥面结构平面图、U 形钢箱梁-预制混凝土桥面板-现浇桥面连接处结构剖面图分别如图 2-7、图 2-8 所示。

第2章 装配式市政桥梁混凝土结构体系研究

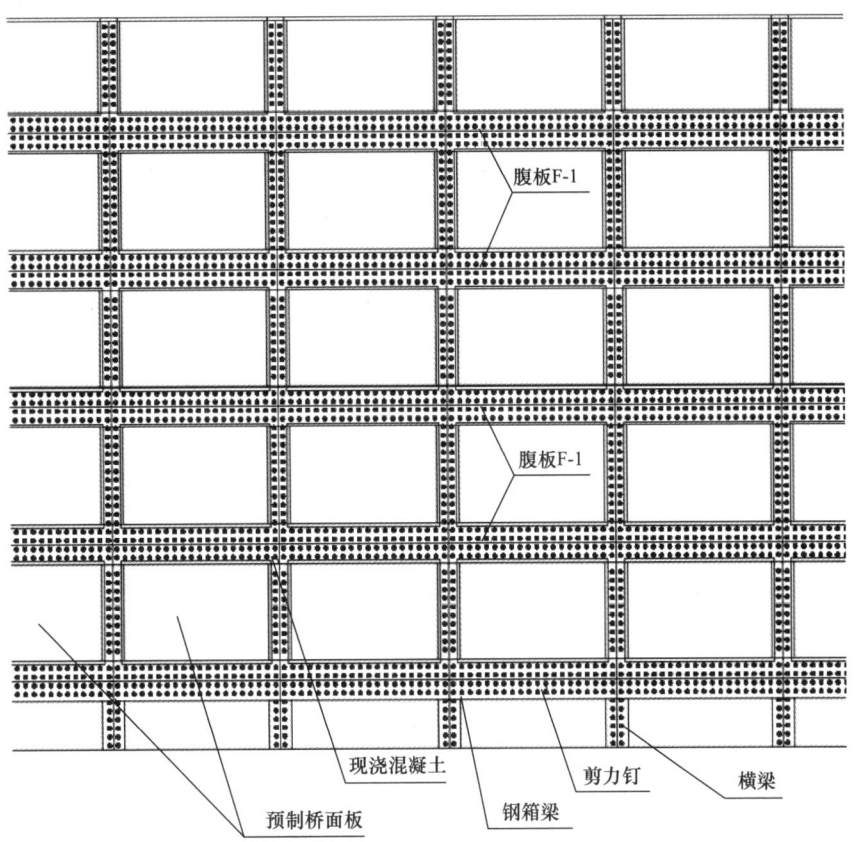

图 2-7 U形钢箱梁-预制混凝土桥面板-现浇桥面结构平面图

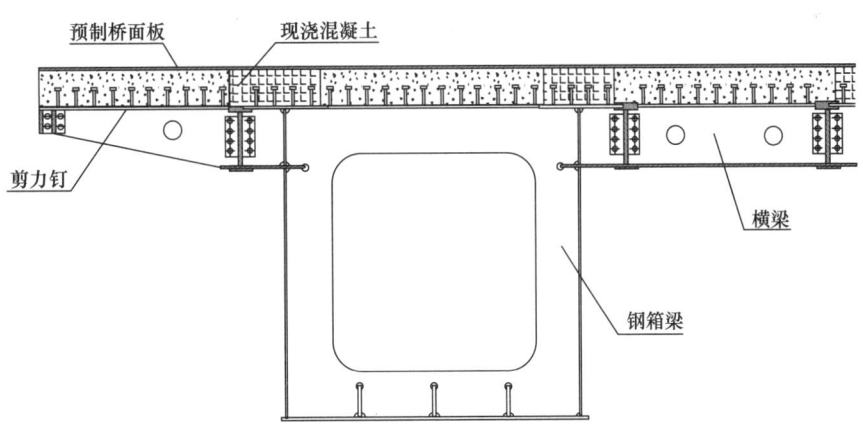

图 2-8 U形钢箱梁-预制混凝土桥面板-现浇桥面连接处结构剖面图

U形钢箱梁横梁连接处剖面图、U形钢箱梁无横梁连接处剖面图、U形钢箱梁-预制混凝土桥面板-现浇桥面无横梁处剖面图分别如图 2-9~图 2-11 所示。

采用 U 形钢箱梁-预制混凝土桥面板-现浇桥面的市政桥梁组合结构的优点如下：

(1) 采用 U 形钢箱梁结构，大大减少了结构的用钢量，降低了材料费用，减小了结构自重，使得采用起重重量相对较小的起重设备即可吊装钢箱梁，减少了机械设备费用。

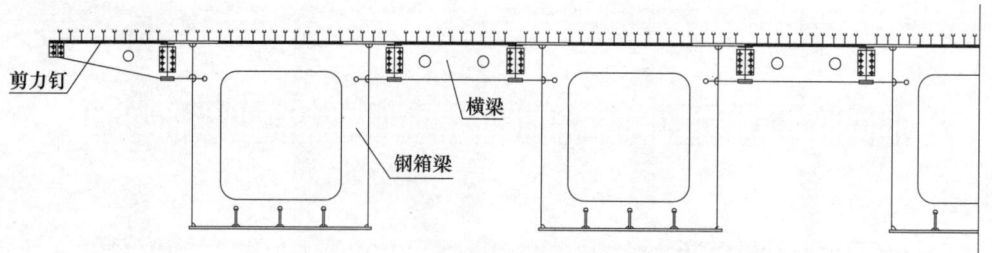

图 2-9　U形钢箱梁横梁连接处剖面图

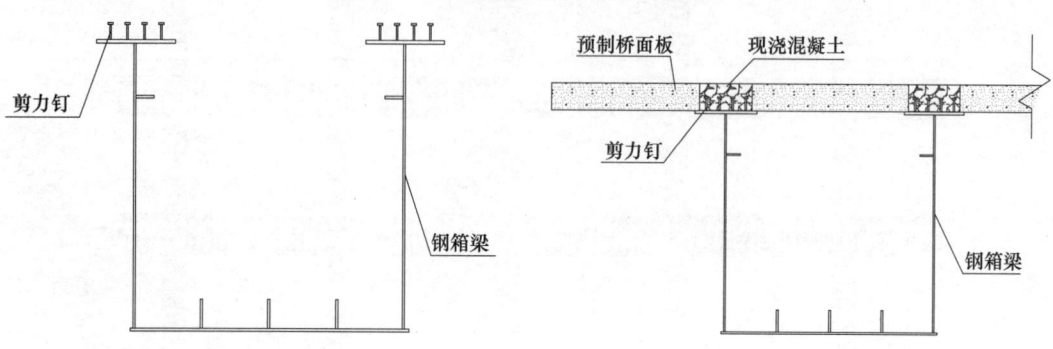

图 2-10　U形钢箱梁无横梁连接处剖面图　　　图 2-11　U形钢箱梁-预制混凝土桥面板-现浇桥面无横梁处剖面图

（2）采用减小钢箱梁顶板间距的形式，减小了预制混凝土桥面板下支撑的跨度，从而避免了因普通混凝土桥面抗压强度低受较大弯矩而易开裂的问题，使得可以采用普通混凝土制作预制桥面板，大幅度地降低了混凝土桥面的造价。

（3）统一U形钢箱梁、连接梁及挑翼梁横梁间的纵横间距，使得预制混凝土桥面板规格统一，预制桥面板重量小可控制在2～4t范围内，用小型起重机即可代替大型起重机进行吊装施工，优化了装配式预制混凝土桥面板施工方法，大幅度地缩短了现场施工的工期，减少了人力、物力、资源，降低了对现场环境的影响。

（4）将U形钢箱梁、连接梁及挑翼梁横梁的顶板作为接缝处的底模板，减少了现场施工模板的使用。

（5）在连接梁及挑翼梁处增加剪力钉，增加了桥梁上部结构中U形钢箱梁与预制混凝土构件的连接的稳固性。

2.1.2　下部结构研究

市政桥梁下部结构现场浇筑墩柱及盖梁因现场湿作业量大导致施工工期长，对施工周边交通、生活影响较大。为了解决这一问题，提出一种市政桥梁下部结构装配式施工方法，即在工厂预制混凝土墩柱和分节段预制混凝土盖梁，将预制混凝土墩柱和预制混凝土盖梁转运至施工现场，在施工现场依次完成预制墩柱吊装及钢筋套筒灌浆连接（图2-12）、预制盖梁临时支架搭设、预制盖梁分节

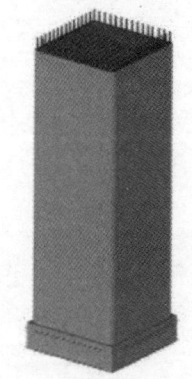

图 2-12　预制墩柱吊装及灌浆连接

段吊装（图 2-13）、预制盖梁现浇连接及结构体系转换（图 2-14）等，最终形成市政桥梁下部结构体系。

图 2-13 预制盖梁分节段吊装

图 2-14 预制盖梁现浇连接并进行结构体系转换

2.2 预制混凝土构件细部连接节点深化设计

2.2.1 两段式后浇混凝土预制盖梁深化设计

市政桥梁的盖梁一般体积大、重量也大，施工现场作业面狭小。如芳村大道南快捷化改造工程项目，一榀盖梁的尺寸长约 24m、高约 2.5m、横截面为 2.48m×2.2m，其重量约为 250t。若对约 250t 重量的盖梁采用工厂一次性预制、现场一次性吊装，施工难度非常大，对吊装设备要求也非常高。

下面通过对几种生产方式的比选，选择适合大体积盖梁的最优设计方案。

(1) 方案一：采用盖梁传统全现浇施工设计形式

全现浇盖梁施工先后流程为：支架搭设、模板制作、钢筋绑扎、混凝土浇筑、保湿养护、模板拆除、支架拆除七大步骤。

全现浇盖梁施工的重点工作在模板制作和保湿养护上。模板制作必须以设计结构造型尺寸为标准依据，模板必须有安全加固处理，防止浇筑时出现胀模、渗漏等质量问题；养护是现浇方式的一个特点，目的是为了让混凝土能够凝结成型，同时释放水化热，促进盖梁内部集中应力的释放。

方案一现场施工湿作业量大，对现场交通管制要求较高，排除方案。

(2) 方案二：采用整体全预制盖梁施工设计形式

当条件受到较大限制时，可采用在预制厂内生产完整的整榀盖梁的形式。因工厂预制而成的整榀盖梁自重很大，对运输机械和起重设备要求高。对中小型的桥梁的盖梁可以使用此方法生产施工；但对于大跨径桥梁的盖梁，则不适宜整榀预制。

(3) 方案三：采用预制混凝土盖梁分段生产、分段安装的设计形式

通常来看，预制混凝土构件一般遵循以下原则：

1) 节段的分块不仅应满足施工和桥梁线性的要求,还同时应满足预制工艺简单、技术可靠的要求;

2) 选择合适的尺寸,使节段易于存放和养护,以使预制构件分块后的强度和耐久性达到设计要求;

3) 节段尺寸应满足现场吊装时不能影响现场既有交通正常使用的要求;

4) 预制混凝土构件拼装成整体后,拼装后混凝土构件的整体性应满足设计强度,同时符合设计规范要求。

采用方案二和方案三都有其明显的优势,如表2-1所示,对比分析盖梁不同预制形式下受力性能、转运盖梁设备形式及对交通现状的影响。

不同分段预制盖梁对比表　　　　表2-1

类别	盖梁整体全预制	盖梁横向分2块预制	盖梁横向分3块预制
受力性能	整体性好,受力性能好	拼接缝设在受力较小处,受力性能较好	拼接缝设在受力较大处,受力性能略差
转运、吊装盖梁设备	采用特重运梁设备	采用普通运梁设备	采用普通运梁设备
对交通现状的影响	对交通现状影响大	对交通现状影响一般	对交通现状影响一般

如图2-15所示,通过盖梁的各种设计方案对比可知,采用盖梁工厂分段预制(图2-16)转运至施工现场吊装(图2-13)、将现浇连接段后浇成整体后进行体系转换(图2-14)的设计方案(下面简称两段式后浇混凝土预制盖梁)受力性能上有较大优势,采用普通运梁及吊装设备就可满足转运和吊装要求,同时对其在多个项目上的经济效益和成品质量进行分析,发现有很大的优势。

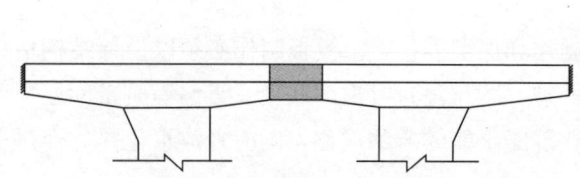

图2-15　两段式后浇混凝土预制盖梁结构示意图　　图2-16　预制盖梁(整体盖梁的一半)

两段式后浇混凝土预制盖梁设计方案主要在大型悬臂盖梁工程应用有其独特的优势。由于外伸部分较长,多节段拼装的方式不能保障盖梁整体性能的统一,而采用部分连接段现浇的设计形式,可以有效减少阶段拼装带来的局部应力集中现象发生。同时,现浇有良好的适应性,对安装不当产生的细微错位能够起到弥补作用。主段预制时,纵向钢筋须外伸出两侧交界面10~20cm,方便与现浇段的钢筋骨架搭接。现浇阶段的模板需要搭设支架,并设置防坠网,确保现浇场地施工安全。

2.2.2 预制混凝土桥面板与 U 形钢箱梁的连接节点设计

1. 预制混凝土桥面板 U 形预留筋设计

为了解决预制混凝土桥面板间接缝的纵横钢筋定位及箍筋安装困难的问题，对接缝处的纵横钢筋和箍筋的形式进行了调查和研究，选择如图 2-17、图 2-18 所示的 U 形预留筋形式。具体做法为：

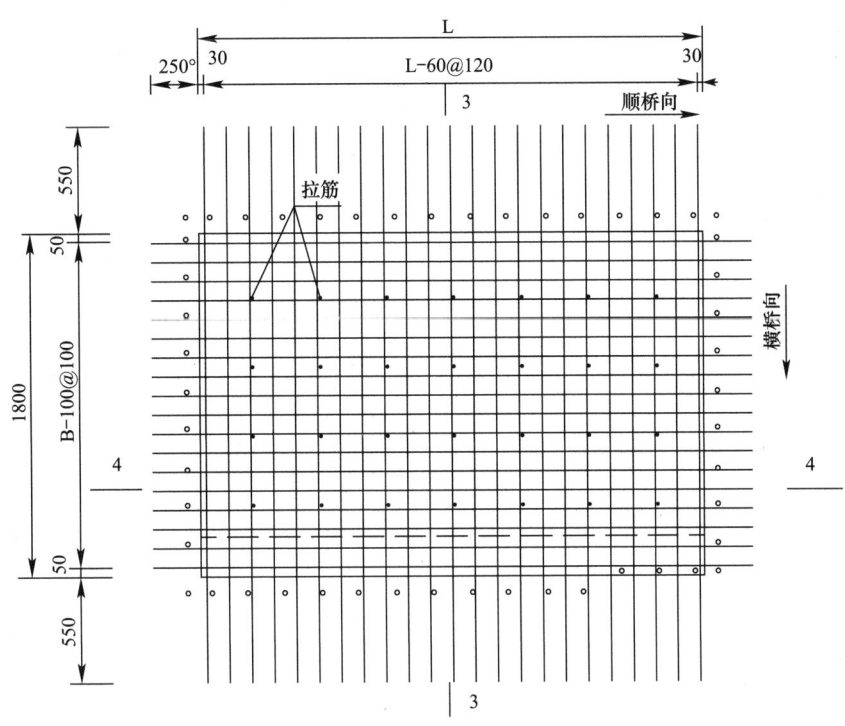

图 2-17 预制桥面板 U 形预留筋平面布置图

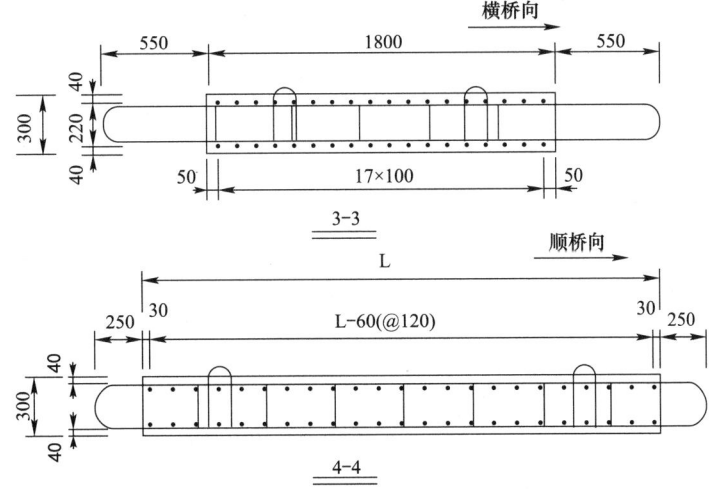

图 2-18 预制桥面板 U 形预留筋剖面图

（1）在预制混凝土桥面板钢筋制作过程中将上下层钢筋一次弯制焊接成 U 形钢筋形式（图 2-18），减少了上下层钢筋的定位和安装时间，节省人力。

（2）将两个 U 形筋拼接成一个箍筋（图 2-19、图 2-20），节省了现场箍筋安装绑扎的时间，并且提供了纵横向钢筋的定位位置，提高了施工效率，缩短施工时间（图 2-21、图 2-22）。

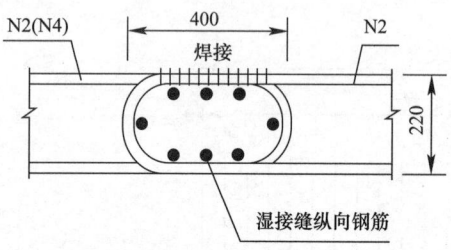
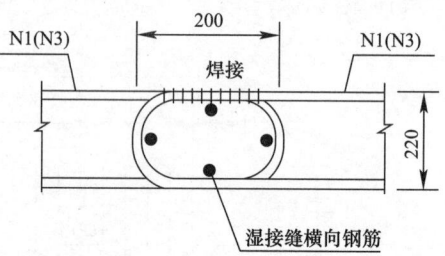

图 2-19　顺桥向 U 形预留筋搭接示意图　　　图 2-20　横桥向 U 形预留筋搭接示意图

图 2-21　预制桥面板 U 形预留筋实物图　　　图 2-22　预制桥面板 U 形预留筋现场安装图

2. 预制混凝土桥面板 U 形预留筋与 U 形钢箱梁上剪力钉的连接节点研究

在预安装过程中，我们发现如下问题：原设计方案 U 形钢箱梁上剪力钉（下述简称剪力钉）的间距较小且预制桥面板的预留筋的间距非常小；剪力钉的间距模数与预制桥面板的预留筋间距模数不一致，剪力钉的间距模数为 150mm（图 2-23），预制桥面板的预留 U 形筋横桥向间距模数为 120mm，顺桥向间距模数为 100mm（图 2-24），导致预留 U 形筋与剪力钉位置冲突，桥面板吊装效率低下。

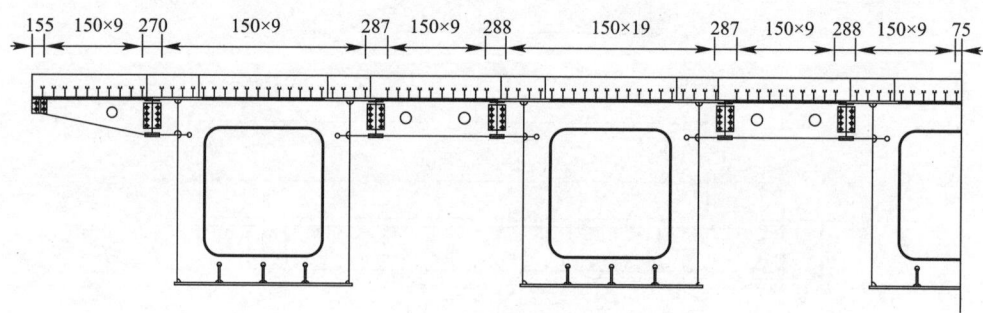

图 2-23　剪力钉间距示意图

第 2 章 装配式市政桥梁混凝土结构体系研究

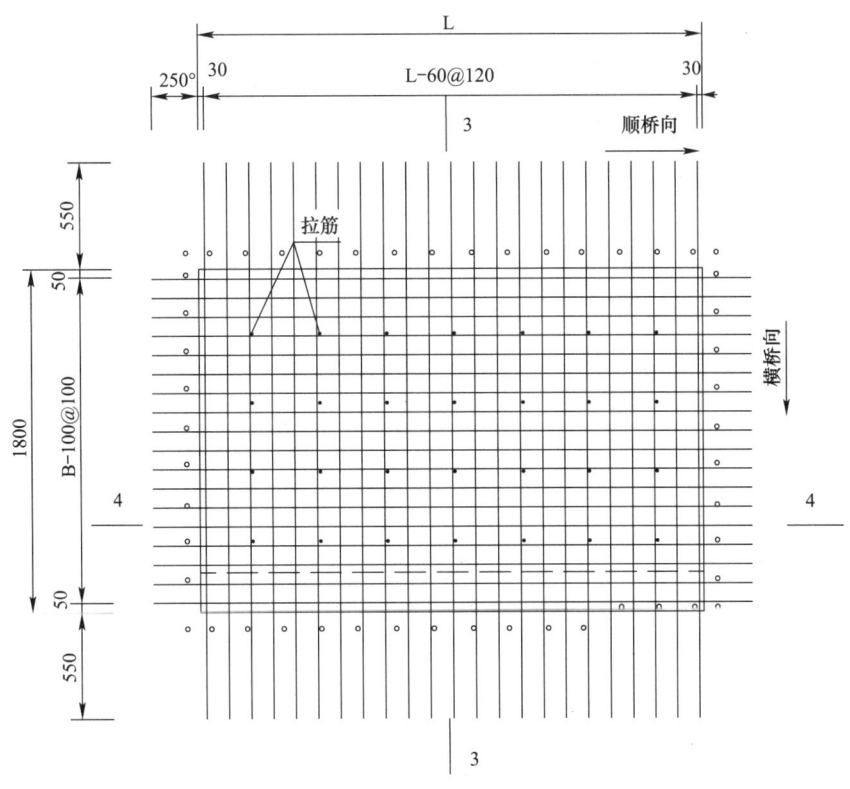

图 2-24 横桥向和顺桥向钢筋间距示意图

考虑到预制混凝土桥面板已经完工，预留 U 形筋的位置已经不能进行调整，因此将 U 形钢箱梁上剪力钉的间距设计以及施工顺序研究成为下一步亟待解决的问题。

为使剪力钉与预留 U 形筋的间距模数相匹配，考虑到剪力钉的数量不能少于原设计数量，我们对剪力钉的间距进行如下调整：

1) 将顺桥向剪力钉的间距减小至 120mm，与预留 U 形筋形成错位，平均一块预制混凝土桥面板顺桥向增加了 20 根剪力钉。

2) 将横桥向剪力钉的间距增大至 200mm（图 2-25），与预留 U 形筋形成错位，平均一块预制混凝土桥面板横桥向减少了 12 根剪力钉（图 2-26）。

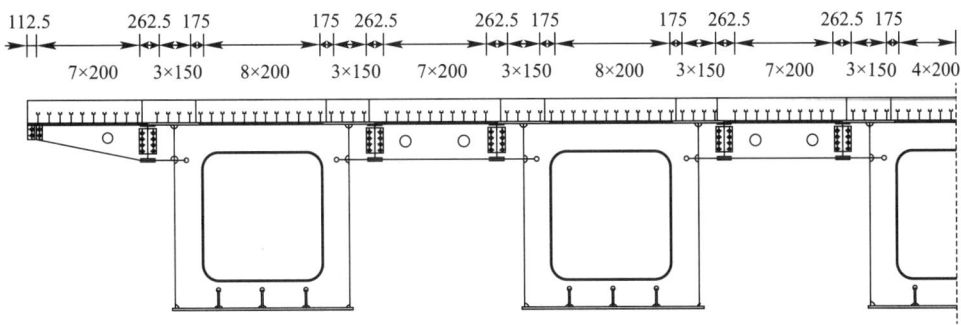

图 2-25 横桥向 U 形钢箱梁上剪力钉间距布置示意图

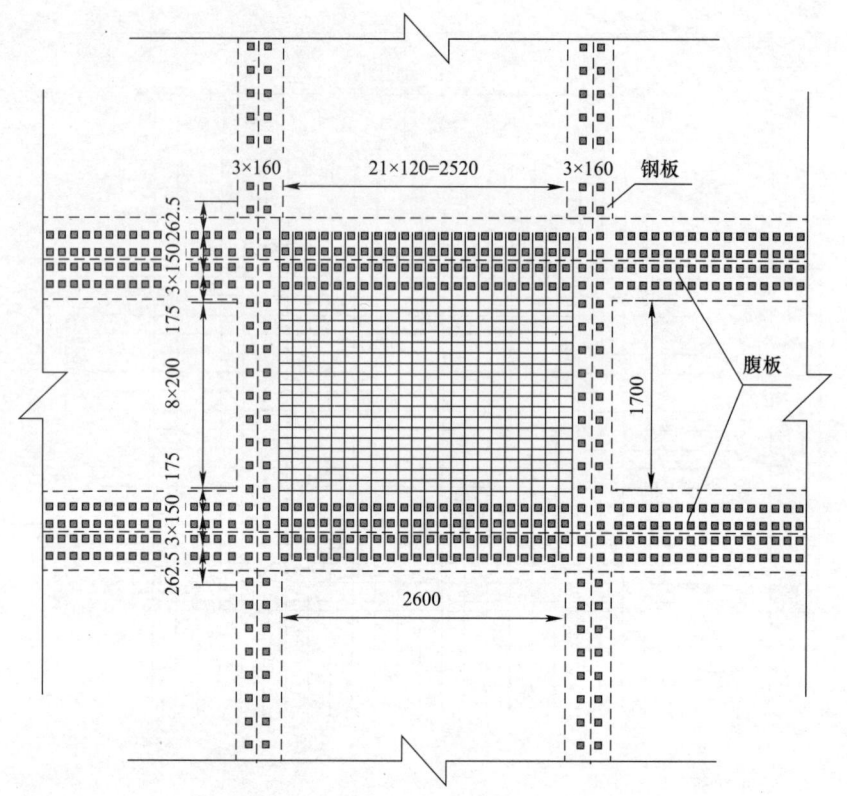

图 2-26　顺桥向与横桥向 U 形钢箱梁上剪力钉间距布置与预制混凝土桥面预留 U 形筋布置图

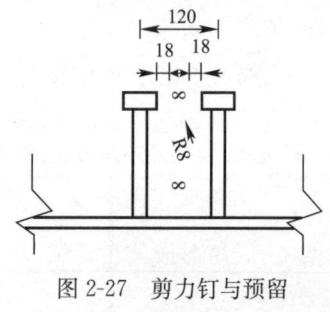

图 2-27　剪力钉与预留筋布置示意图

总体上平均每块 U 形钢箱梁上增加了 8 根剪力钉,比原设计方案数量多,满足设计要求。

如图 2-27 所示,由于两相连剪力钉(尺寸为 22mm×180mm)在顺桥向的中心距只有 120mm,而中间两根后安装的预留 U 形筋直径为 16mm,预留的间隙相对很小,考虑到预留筋和剪力钉在生产制作过程中可能存在尺寸偏差,这种设计方案极易造成预留 U 形筋和剪力钉出现碰撞问题,影响吊装效率。

为了提高现场吊装效率,将原顺桥向剪力钉的焊接方案进行调整:如图 2-28 所示,在工厂钢箱梁制作时顺桥向的剪力钉隔排焊接安装,未焊接的剪力钉待预制桥面板吊装完成后再进行焊接安装(图 2-29)。

3. 预制混凝土桥面板与 U 形钢箱梁的连接节点密封性研究

在预安装过程中,我们发现 U 形钢箱梁的顶面及预制混凝土桥面板之间并非完全贴合,即 U 形钢箱梁和预制混凝土桥面板接触面的位置可能存在缝隙。我们认为与该缝隙相通的现浇混凝土湿接缝是工程中的一个薄弱点,容易出现湿接缝裂缝,进而引起渗水问题。缝处渗水通过该缝隙进入钢箱梁会导致钢箱梁内部腐蚀,将导致重大质量问题。

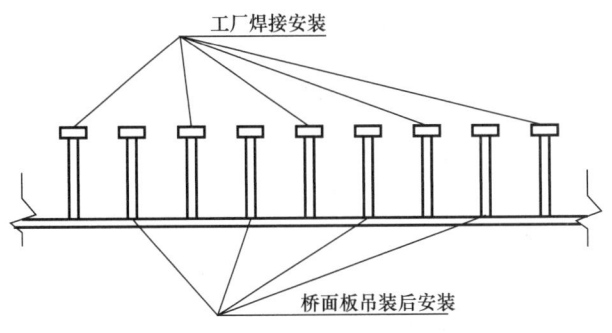

图 2-28 剪力钉焊接顺序示意图　　　图 2-29 剪力钉与预留筋现场安装完成图

如图 2-30 所示，针对 U 形钢箱梁与预制混凝土桥面板间连接节点密封性的问题，借鉴已有房屋建筑工程已有项目预制混凝土墙板构件与现浇反坎之间的防水措施，对接缝处的钢箱梁和预制混凝土桥面板接触节点及相应的施工流程进行了优化设计：在 U 形钢箱梁顶板上铺贴防腐橡胶条（图 2-31），利用预制混凝土桥面板构件的自重将防腐橡胶条压实（图 2-32），使预制混凝土桥面板与 U 形钢箱梁紧密结合。

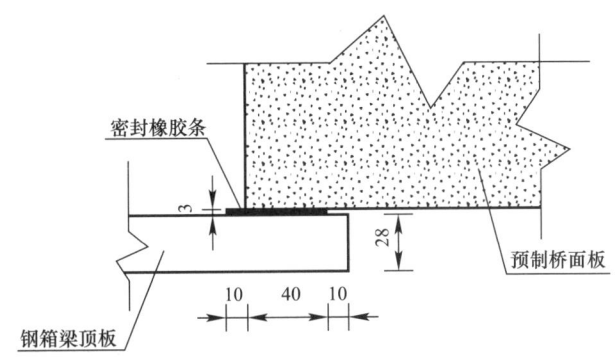

图 2-30 密封防腐橡胶条铺贴节点大样图

图 2-31 连接处粘贴密封防腐橡胶条　　　图 2-32 预制混凝土桥面板压实密封防腐橡胶条

如图 2-33 所示，针对 U 形钢箱梁上铺贴的纵横防腐橡胶条之间可能产生间隙的问题，采用在纵横防腐橡胶条相交处灌注硅酮耐候密封胶使可能存在的缝隙填满，实现纵横橡胶条连接节点有效密封。使用时用胶枪将密封胶从密封胶筒中挤到需要密封的接缝中，密封胶在室温下吸收空气中的水分，固化成弹性体，形成有效密封。

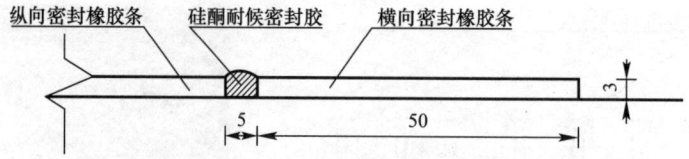

图 2-33 硅酮耐候密封胶填充密封防腐橡胶条间隙节点大样图

我们选择的硅酮耐候密封胶为单组分、中性固化、高位移能力（±50级）的硅酮耐候密封胶，这种硅酮耐候密封胶对预制混凝土基材和金属均具有优异的粘结性，也不腐蚀预制混凝土基材和金属，能适应大的接缝变化，具有优异的耐候性能，其具体技术指标如表2-2所示。

硅酮密封胶技术指标　　　　　　　　　　　　　表 2-2

性能		指标
下垂度 mm	垂直	≤3
	水平	无变形
挤出性，ml/min		≥150
表干时间，h		≤3
位移能力，%		±50
弹性恢复率，%		≥80
定伸粘结性		无破坏
浸水后定伸粘结性		无破坏
冷拉-热压后的粘结性		无破坏
经过热、透过玻璃的人工光源和水曝露后粘结性		无破坏
体积损失率，%		≤8

综上所述，在U形钢箱梁上翼缘板两侧边缘顺桥向及横梁上翼缘板横桥向通长粘贴可压缩的密封防腐橡胶条（图2-31），利用硅酮耐候胶将橡胶条交接处的缝隙填满（图2-33），吊装和安放预制混凝土桥面板（图2-32），在预制混凝土桥面板的自重作用下，使防腐橡胶条完全压密封闭，即可使U形钢箱梁与预制混凝土桥面板的间隙得到封堵，保证了钢箱梁与预制混凝土桥面板的密封性。

2.2.3 预制混凝土桥面板与预制防撞栏板的连接节点设计

为了达到预制混凝土桥面板与预制混凝土防撞栏板的连接质量要求，并方便现场施工、提高施工效率，我们对预制混凝土桥面板与预制混凝土防撞栏板的连接节点进行了细部设计，如图2-34所示。

如图2-35~图2-39所示，考虑将预制混凝土桥面板和预制混凝土防撞栏板均设计成企口形式进行连接。

如图2-40所示，为了方便施工现场的预制混凝土防撞栏板的吊装及安装，在预制混凝土桥面板预埋200mm×120mm×20mm和300mm×120mm×20mm的Q345钢板，预埋直径为16mm螺纹钢筋起锚固作用，吊装预制混凝土防撞栏板到位后，焊接预制混凝土桥面板上的预埋钢板与预制混凝土防撞栏板上的角钢,从而使预制混凝土防撞栏板与预制混凝土桥面板连接成整体。

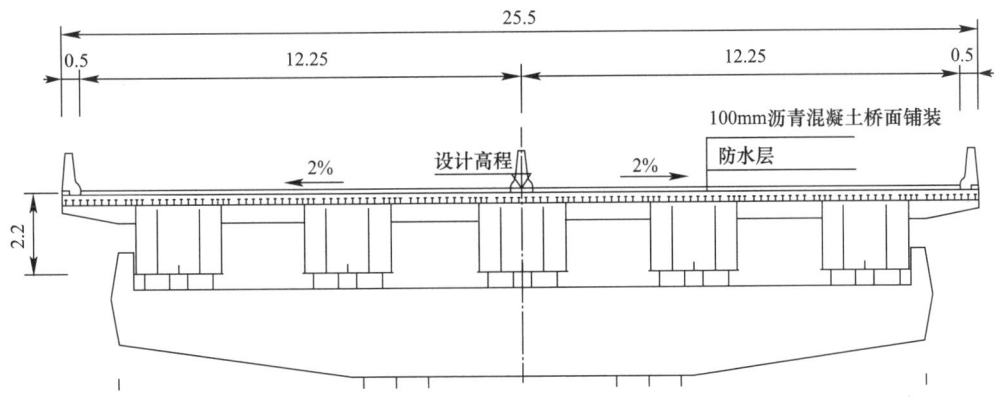

图 2-34 预制混凝土桥面板与预制混凝土防撞栏板结构剖面图

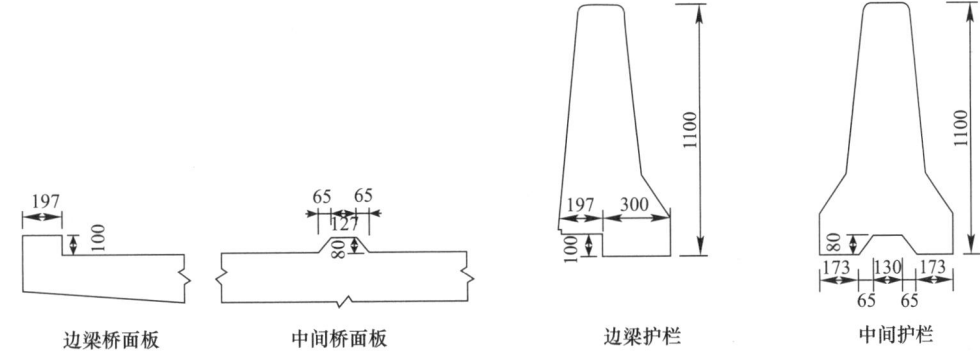

图 2-35 与防撞栏板连接处预制桥面板结构企口剖面　　图 2-36 预制防撞栏板结构企口剖面

图 2-37 边梁处预制桥面板

图 2-38 中间预制桥面板

如图 2-41 所示,考虑到边梁桥面板处防撞栏板的安全要求较高,稳固性要求较高,因此对边梁桥面板与边梁防撞栏板连接节点处进行加固处理:经过多方案比选,对边梁预制混凝土桥面板进行预埋钢筋设计,对边梁预制混凝土防撞栏板进行预埋金属波纹管设计,边梁预制混凝土防撞栏板吊装完成后,对金属波纹管管腔灌注高强灌浆料,与边梁预制混凝土桥面板内预埋钢筋实现有效连接。

33

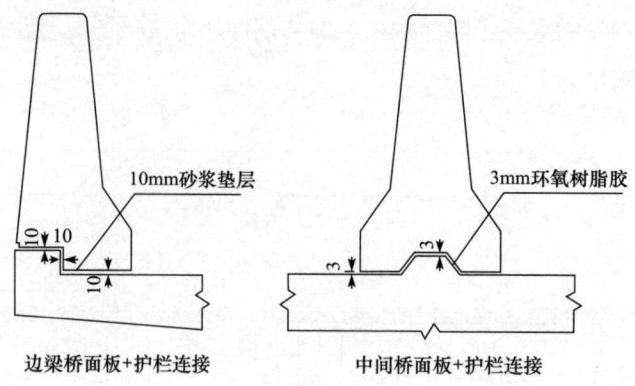

图 2-39　预制混凝土防撞栏板与预制混凝土桥面板企口节点剖面图

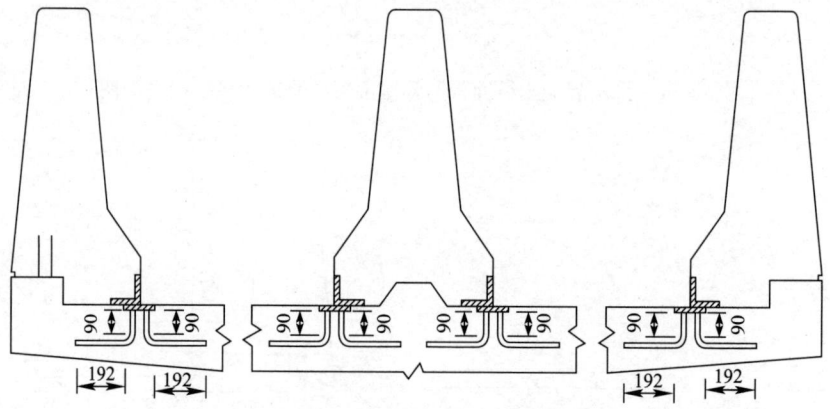

图 2-40　预制桥面板预埋钢板剖面图

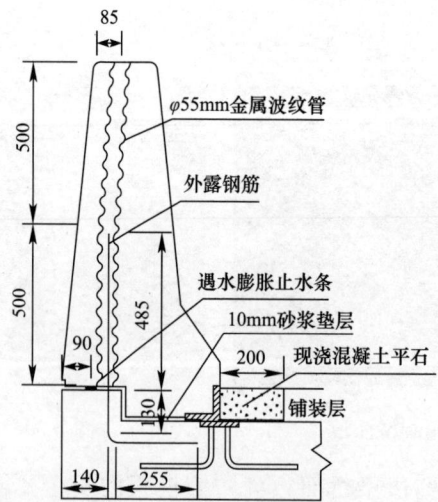

图 2-41　边梁处预制防撞栏板与预制桥面板钢筋浆锚连接结构剖面图

综上所述，边梁处预制混凝土桥面板与预制混凝土防撞栏板连接处采用企口连接和钢筋浆锚连接组合形式、中间预制桥面板与预制防撞栏板连接处采用企口＋环氧树脂胶连接形式，实现预制桥面板与预制防撞栏板的有效连接。

第3章 装配式市政桥梁预制混凝土构件制作

3.1 预制混凝土墩柱生产

芳村大道南快捷化改造工程,北起洲头咀隧道,沿线经过花蕾路、浣花路、鹤洞路、中兴路、求实一横路、环翠北路,终点接东新高速收费站。如图3-1所示,该工程项目共24根混凝土墩柱均采用预制直立柱形式,单个预制混凝土墩柱断面为矩形加线倒角。

图3-1 预制墩柱三维BIM图

如图3-2所示,除预制混凝土墩柱标准段截面尺寸为1.8m×1.8m外,为保证墩柱内预埋套筒的净保护层厚度,墩柱底部0.75m范围内截面尺寸增加至1.9m×1.9m。墩柱高度在7.9~10m范围内,墩柱重量在72~91t范围内。墩柱主筋数为56根,墩柱主筋采用直径为32mm的HRB400钢筋,箍筋及拉筋采用直径为16mm的HRB400钢筋。采用立式浇筑C50高性能混凝土工艺一次性成型预制墩柱。预制墩柱柱底布置灌浆套筒,柱顶伸出插筋与上部预制混凝土盖梁连接。

3.1.1 预制混凝土墩柱模块化钢筋笼精加工制作研究

根据《预制拼装桥墩技术规程》DG/TJ 08-2160-2015中第8.3.11条规定,预制混凝土墩柱生产制作完成后应对墩柱尺寸、柱底灌浆连接套筒和柱顶外伸钢筋进行复测,各向允许偏差均为2mm。预制墩柱的精度要求高,制作难度大。研制预制混凝土墩柱的钢筋笼制作方法,对于预制墩柱的生产具有实用意义。

1. 钢筋笼胎架设计及制作研究

预制混凝土墩柱钢筋笼制作质量控制要点主要有三个:墩柱主筋位置及外伸长度、灌浆套筒位置及固定、墩柱箍筋间距。对这三个主要质量控制点需采取针对性措施:主筋的定位装置包括柱顶伸出钢筋定位框及钢筋挂片,钢筋挂片包括上下缘主筋挂片、左右缘主筋挂片;灌浆套筒的定位装置包括套筒定位板及套筒挂片,其中,套筒定位板结合墩柱进行底模一体化设计,套筒挂片与主筋挂片类似;墩柱箍筋在安装时主要控制其间距,采用手持式箍筋卡尺定位箍筋,并及时与主筋焊接固定。

通过上述针对性措施的实施,钢筋笼的制作偏差可按规范要求控制在±2mm以内。因此,为确保预制墩柱钢筋笼加工尺寸精确,采用钢筋模块化精加工的理念,研制高精度的墩柱钢筋笼成型胎架，在胎架上支撑定位体系布置合理的前提下，墩柱钢筋笼以不变形的形式，置于专用胎架上制作加工成型，具体如下：

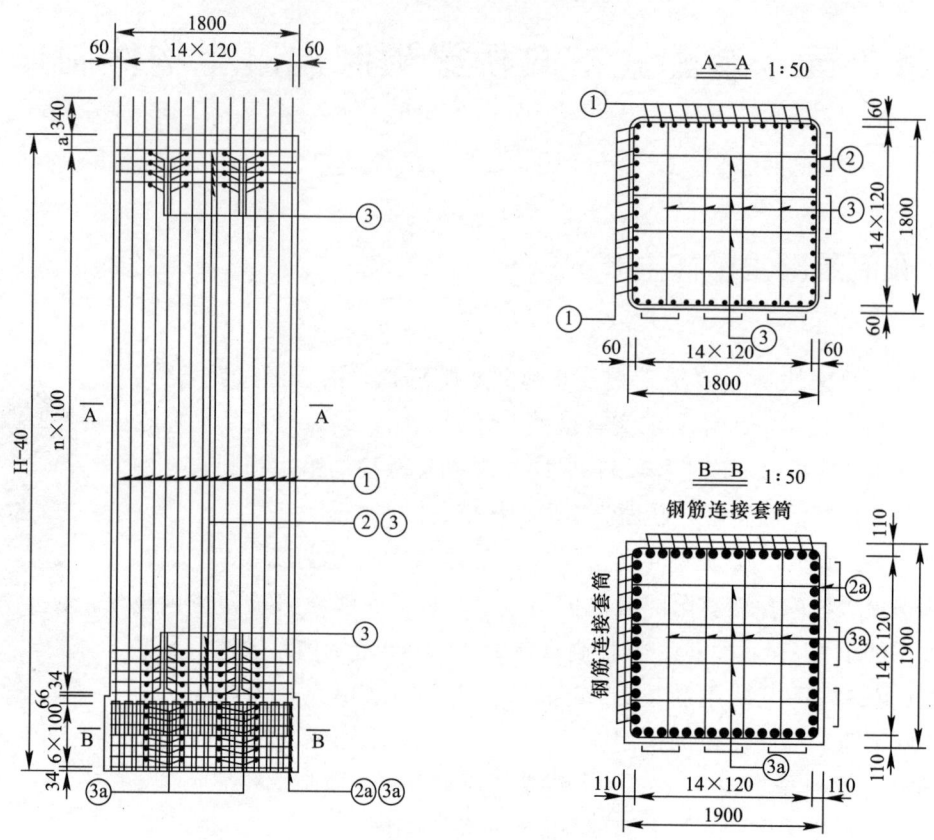

图 3-2 墩柱钢筋立面图（单位：mm）

（1）钢筋笼胎架设计

预制混凝土墩柱钢筋笼胎架由底座、支架、挂片及定位板组成。其中底座固定于地面，为其他构件的组装及施工操作提供一个坚实的平台；支架安装在底座上，为整个钢筋笼提供竖向支撑；支架包括伸出钢筋端定位板支架、中间主筋挂片架立支架、套筒端定位板支架。钢筋端定位板支架和中间主筋挂片架立支架，主要用于控制立柱主筋的精确定位；套筒端定位板支架则专门用于套筒的定位与固定。挂片包括上下缘主筋挂片、左右缘主筋挂片、下缘箍筋挂片及手持式推筋卡尺，挂片可灵活调节立柱主筋位置，实现钢筋微调精确定位。

（2）定位板安装

为保证钢筋笼支撑稳定，定位体系布置保证主要受力钢筋不变形，钢筋笼制作允许偏差为±2mm。为保证预制混凝土构件的钢筋定位精度，采用在胎架端头增加定位钢板的方式：定位钢板采用车床精加工成型，精度控制在±1mm内。

一整套定位系统有两块定位框和两个定位钢板。一个定位框架用于立柱主筋顶端定位，另一个定位框架用于承台预埋连接钢筋定位。定位板和定位框架必须在同一个钢模板

第3章 装配式市政桥梁预制混凝土构件制作

厂内生产,并且同时进行,确保两块定位板和两个定位框架预留孔洞完全对应,丝毫无差。

定位框架每个预留孔处设置一个可调式螺杆,利用螺杆的进出对预埋钢筋偏差进行微调,以保证预埋钢筋位置偏差2mm以内。一个定位板用于套筒底端定位用,另一个定位板用于盖梁预制套筒底端定位,如图3-3~图3-5所示。

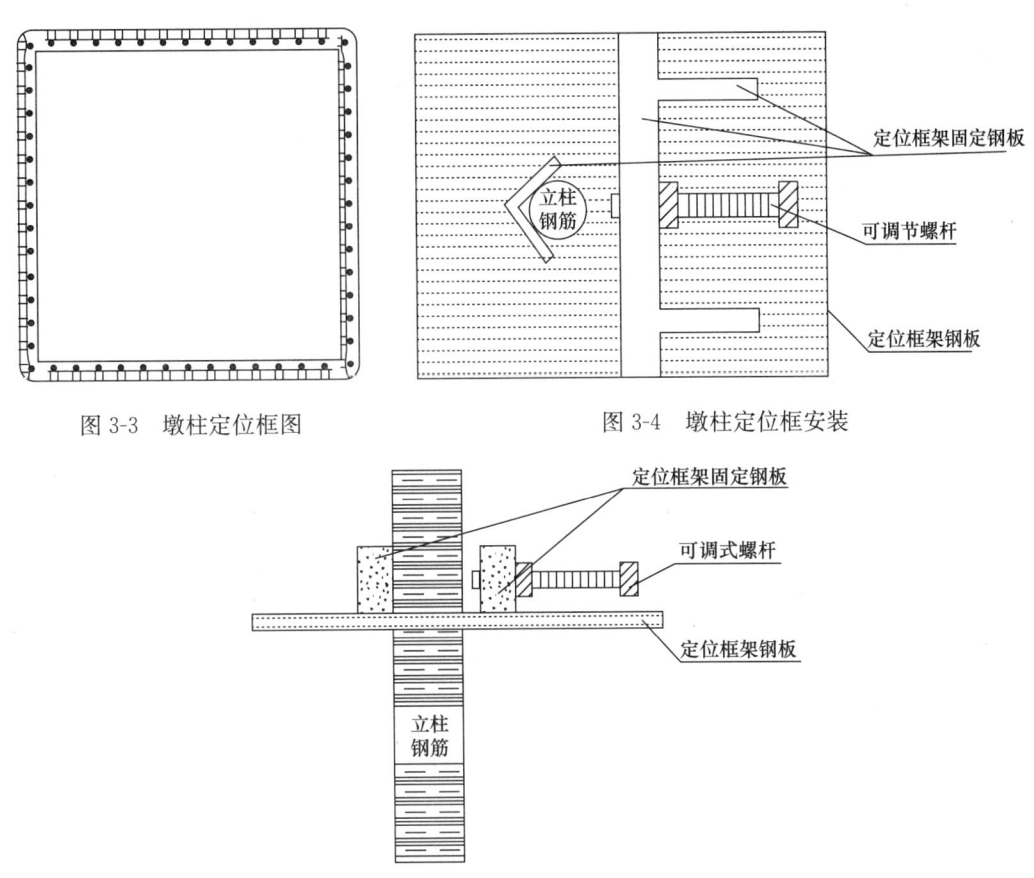

图3-3 墩柱定位框图　　　图3-4 墩柱定位框安装

图3-5 墩柱定位板安装

(3) 钢筋笼胎架验收

如图3-6、图3-7所示,钢筋笼胎架组装完毕后,对其各个部件进行验收复测,尤其是钢筋端定位板、套筒端定位板及挂片的开孔开槽位。

拼装过程要求胎架底座安装水平,精度控制在±2mm内。各支架安装要求位置精确状态垂直,精度控制在±2mm内。胎架安装完成后对各支架整体测量,保证每个支架在同一条线上,防止主筋安装时产生弯扭变形。为固定墩柱主筋,不使主筋发生转动及位置变化,故而对伸出钢筋端定位板进行加工,采用支头螺丝的形式固定。

2. 钢筋笼制作精度研究

整个墩柱钢筋笼自钢筋加工完毕后,完全在胎架上完成加工绑扎。整个绑扎过程共分成6个步骤,不允许发生跳步加工,整个过程边加工边检测,确保每一步加工的精度得到

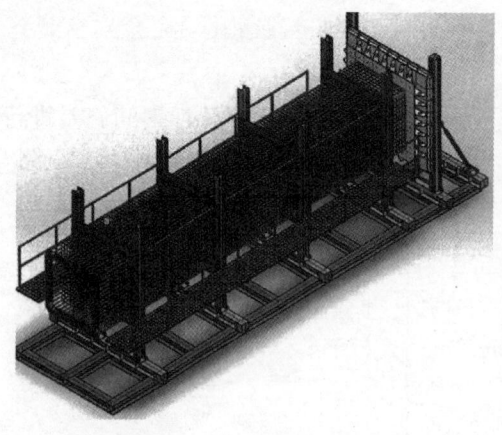

图 3-6 墩柱钢筋笼胎架三维效果图

图 3-7 高精度钢筋胎架实物图

控制。所有主筋从顶端定位框架预留孔穿过后，一端插入套筒内，顶端套筒内隔板，另一端停放在顶端定位板孔内。具体步骤如下：

步骤1：如图3-8所示，预制混凝土墩柱胎架按三维模拟图组装完成后，安装预制混凝土墩柱钢筋固定端定位板及套筒固定端定位板。

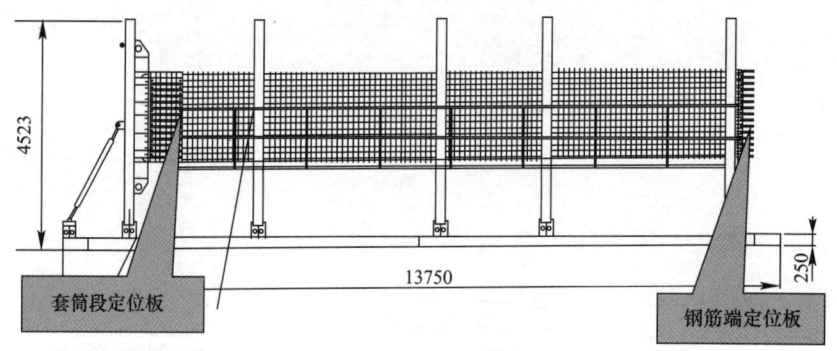

图 3-8 安装预制混凝土墩柱钢筋固定端定位板及套筒固定端定位板

步骤2：如图3-9所示，一次性将预制混凝土墩柱连接用灌浆套筒全部安装到位，并把套筒部位箍筋、拉钩安装到位。

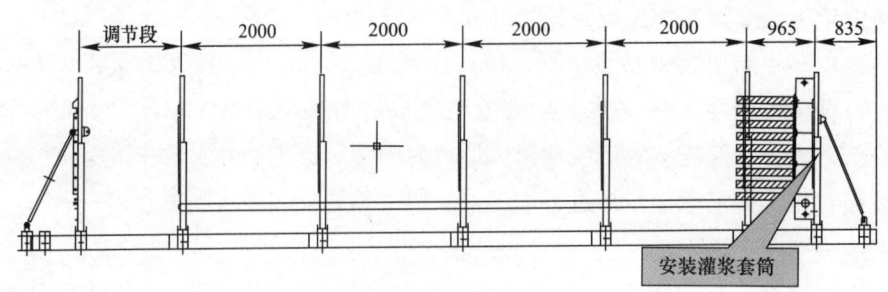

图 3-9 安装灌浆套筒并完成固定

步骤3：如图 3-10 所示，依次绑扎预制混凝土墩柱上排、下排主筋。

步骤4：如图 3-11 所示，安装预制混凝土墩柱两道箍筋，箍筋搭接处进行单面焊接，焊接长度不小于 $10d$。

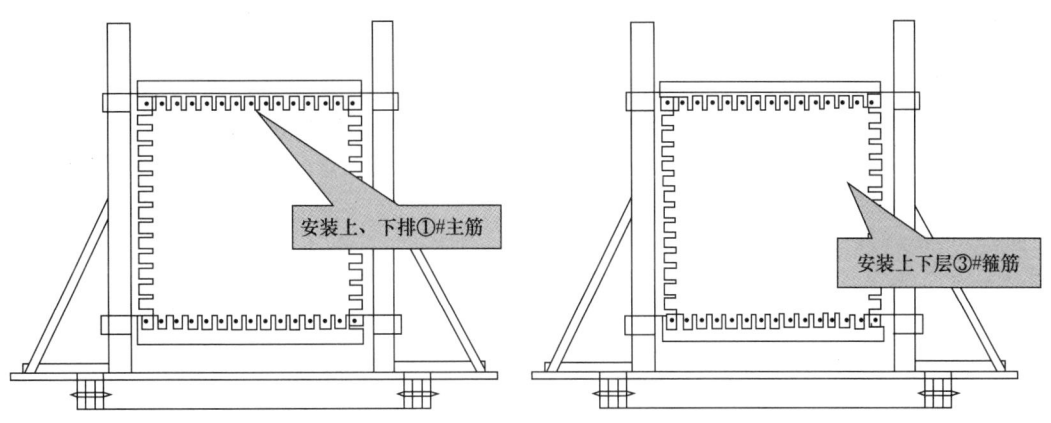

图 3-10　安装上、下排主筋　　图 3-11　安装预制混凝土墩柱左右侧主筋、
　　　　　　　　　　　　　　　　　　箍筋及侧面依次后插 6 条主筋

步骤5：如图 3-12 所示，安装预制混凝土墩柱左右侧主筋及侧面两道箍筋，此时存在侧面两道箍筋无法插入的情况，需要将侧面 6 条主筋依次后插。

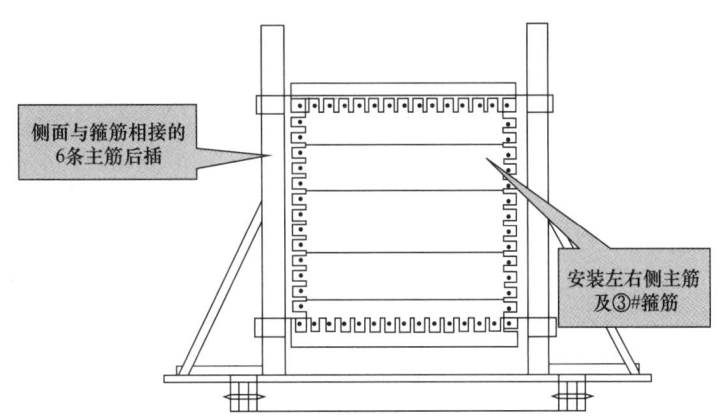

图 3-12　安装预制混凝土墩柱左右侧主筋、箍筋及侧面依次后插 6 条主筋

步骤6：如图 3-13 所示，安装预制混凝土墩柱外侧筋，外侧箍筋进行单面焊接，焊接长度不小于 $10d$。

如图 3-14 所示，完成后将箍筋及固定套筒的拉钩与主筋全部焊接到位，绑扎其他辅助装置。

3.1.2　预制混凝土墩柱预埋件安装精度控制研究

预制桥墩上下节点竖向钢筋采用灌浆套筒进行连接。灌浆连接套筒采用高强球墨铸铁制作，按钢筋连接方式制作成整体灌浆连接成型。整体灌浆连接型套筒一端为预制安装端，另一端为现场拼装端。

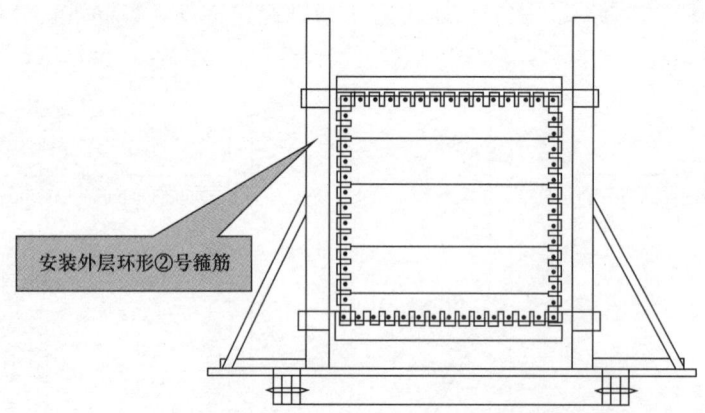

图 3-13　安装预制混凝土墩柱外层环形箍筋

图 3-14　钢筋笼钢筋绑扎实物图

为保证套筒安装精度，墩柱钢筋笼胎架尾部的套筒定位板采用套筒固定端结合墩柱底模的形式，其既起套筒定位的作用，同时又是之后浇筑过程中墩柱的底模板。在钢筋笼吊装入模板的时候是不拆卸的，同时吊装入模，如图 3-15 所示。

（1）密封柱塞安装

在端模板上精确定位出套筒的安装位置，把密封柱塞安装在端模板上，如图 3-16 所示。

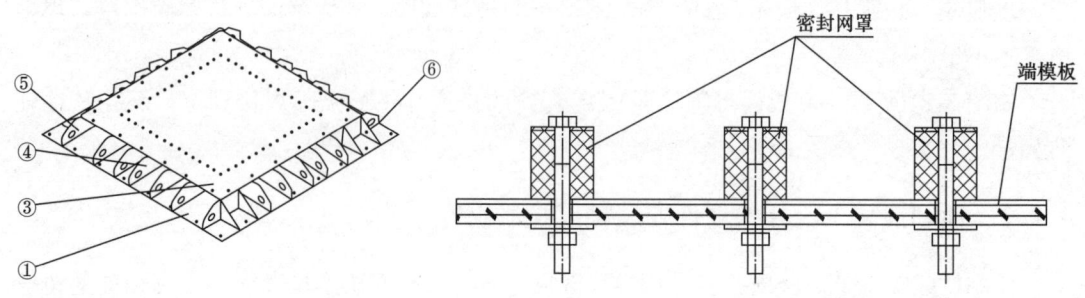

图 3-15　套筒定位板（底模）　　　　图 3-16　密封柱塞在端模板上安装示意图

(2) 套筒安装

把套筒装配端（大孔口端）套入密封柱塞至套筒端面贴紧端模板，用工具（如扳手）拧紧端模板外面的螺母，橡胶柱塞在螺栓拉力作用外向外膨胀使得橡胶柱塞与套筒内壁紧密贴合，实现对套筒的定位密封。安装时注意两端侧面的螺纹孔口应向外垂直于构件端面，以方便灌浆管与出浆管与其连接，如图3-17～图3-19所示。

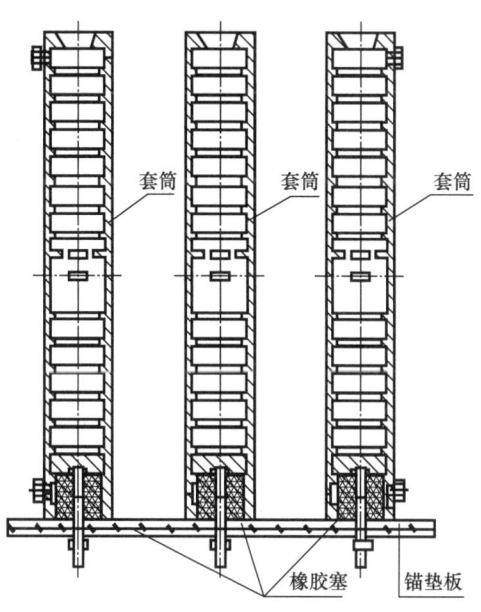

图 3-17 套筒安装示意图

图 3-18 灌浆套筒

图 3-19 灌浆套筒安装示意图

(3) 预埋端钢筋安装

把密封环套入钢筋至离钢筋端头距离大于1/2套筒长度，把钢筋插入套筒直至套筒中部的定位筋，用工具把密封环塞入套筒端口，为保证密封可靠，需加涂密封胶或胶缝剂等密封材料，如图3-20所示。

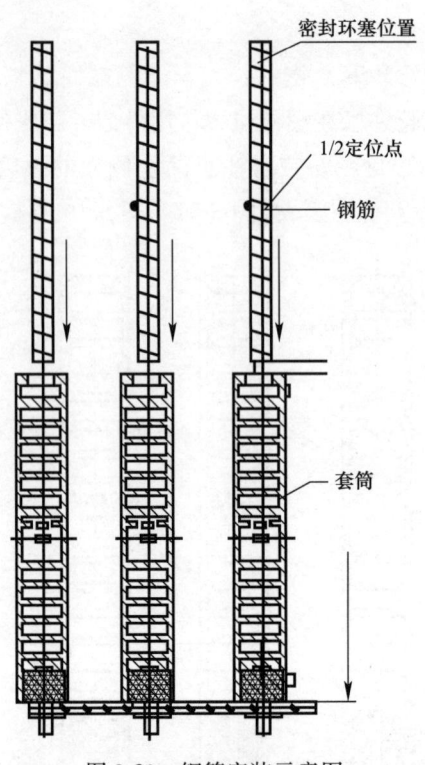

图 3-20 钢筋安装示意图

(4) 管件安装

把注浆管和出浆管拧紧在套筒两端侧面的螺纹孔内，保证连接牢固，密封可靠；管件安装后，其端头与构件表面平齐，为保证混凝土浇筑时砂浆不进入管道，用管堵塞住管口；如管件要伸出构件表面（伸出侧模板外），伸出的孔口处也需进行密封处理；管件一般为硬管，在特殊情况下才用软管，但也需保证在浇筑时软管不扭绞或破坏，因为在灌浆发生堵塞的情况下，软管中的堵塞物是很难处理的，如图 3-21 所示。

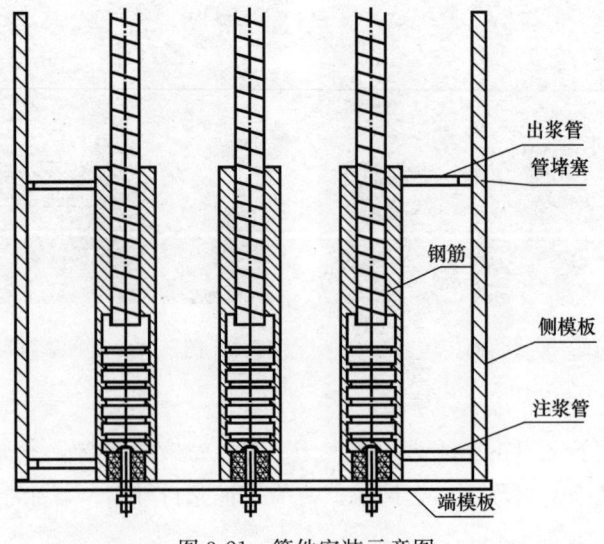

图 3-21 管件安装示意图

(5) 保护层垫块安装

保护层垫块采用和立柱相同强度等级的混凝土制作,采用圆形垫块,垫块安装与立柱主筋垂直,安装密度为 4 块/m^2。

(6) 柱顶盖梁挡浆抱箍预埋螺栓连接器安装

立柱与盖梁拼装时,结合面需要坐浆。为了防止浆液外溢,应在立柱顶面安装挡浆抱箍。为固定挡浆抱箍,在立柱顶面预留抱箍固定螺栓连接器。连接器样式为:精轧螺纹钢中间抽空、车丝。把连接器端部固定在立柱钢筋上,车丝孔面加盖一个塑料帽,塑料帽应与立柱混凝土面保持平齐。

(7) 防雷接地

墩柱防雷接地充分利用桥梁桩基础内主筋相互焊接后作为散流载体,将雷电流散入大地,水平接地线和 2×22 圆钢接地引下线过伸缩缝,在盖梁拼接处,盖梁距离墩顶 20cm 处设置一个接地端子,在承台距离桥墩 20cm 处设置一个接地端子,接地端子之间通过不锈钢软连接线连接,材料为镀锌钢板,布设位置为墩柱底上 20cm 处,及墩柱柱顶下 20cm 处。防雷接地端子布设时须确保两个端子处于同一墩柱面。

(8) 排水管的安装

桥梁的排水系统通过桥面集水系统收集后,经竖向镀锌钢管通过桥墩排至桥下路基边沟,墩柱施工时在柱中心预埋 DN200 的镀锌钢管,墩柱底部预留出泄水孔和检修孔,镀锌钢管通过管卡与箍筋固定,泄水口底部距离灌浆套筒以上 20cm(图 3-22~图 3-25)。

图 3-22 埋件定位

图 3-23 垫块放置

图 3-24 焊缝检查

图 3-25 箍筋间距检查

3.1.3 预制混凝土墩柱钢绞线吊点优化设计

现有技术中，对于墩柱吊装作业仍然采用传统的抱吊方式，存在着一些不足之处：①钢丝绳在起吊墩柱时不仅受到拉力作用还受到剪切力作用，增加了对钢丝绳的损害，减少了钢丝绳的使用寿命，增加了钢丝绳的使用成本；②在墩柱吊装作业过程中，由于墩柱的重心偏移等因素，墩柱会因偏心作用而发生倾斜，增加了墩柱吊装作业中不安全因素；③钢丝绳的使用长度过大，不易于在吊装作业前的检查工作的进行；④采用抱吊时，钢丝绳不易于安装，增加了人工劳动成本等。

为改进上述现有技术所存在的不足，研制一种预制墩柱钢绞线吊点，以保证墩柱在吊装除过程的稳定性，使墩柱能够平稳吊装，避免墩柱因偏心而发生倾斜，减少施工过程中发生碰撞的不安全因素，降低吊装作业的施工成本，提高工作效率。

1. 吊点的形式

墩柱吊装吊耳为双点预制吊环，吊耳布置于柱顶，吊耳间距1054mm。立柱采用预埋钢绞线吊点进行吊装作业，钢绞线采用φ_s15.2mm，钢绞线埋深1000mm，表面伸出长度为250mm，预埋的最底部采用锚板、带丝镀锌钢管、加厚螺母及P锚挤压套头的形式加强。吊点处的钢绞线采用DN20×2mm镀锌管包裹加强钢绞线吊点的局部抗剪能力，铁管长度为600mm，形状为R80的圆44弧，如图3-26～图3-30所示。

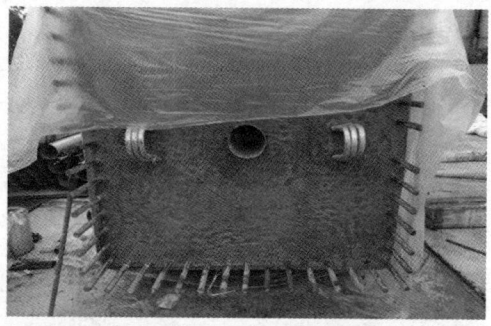

图3-26 预制墩柱钢绞线吊点

设计了一种预制墩柱钢绞线吊点，以保证墩柱在吊装过程的稳定性，使墩柱能够平稳吊装，避免墩柱因偏心而发生倾斜，减少施工过程中发生碰撞的不安全因素，降低吊装作业的施工成本，提高工作效率。

2. 吊点的计算

通过吊点试验，得到每股钢绞线吊力结果如下：

（1）竖直起吊

钢绞线预埋深度0.8m的吊力，受力为400kN时断裂。

钢绞线预埋深度1.0m的吊力，受力为450kN时断裂。

钢绞线预埋深度1.5m的吊力，受力为350kN时断裂。

第3章 装配式市政桥梁预制混凝土构件制作

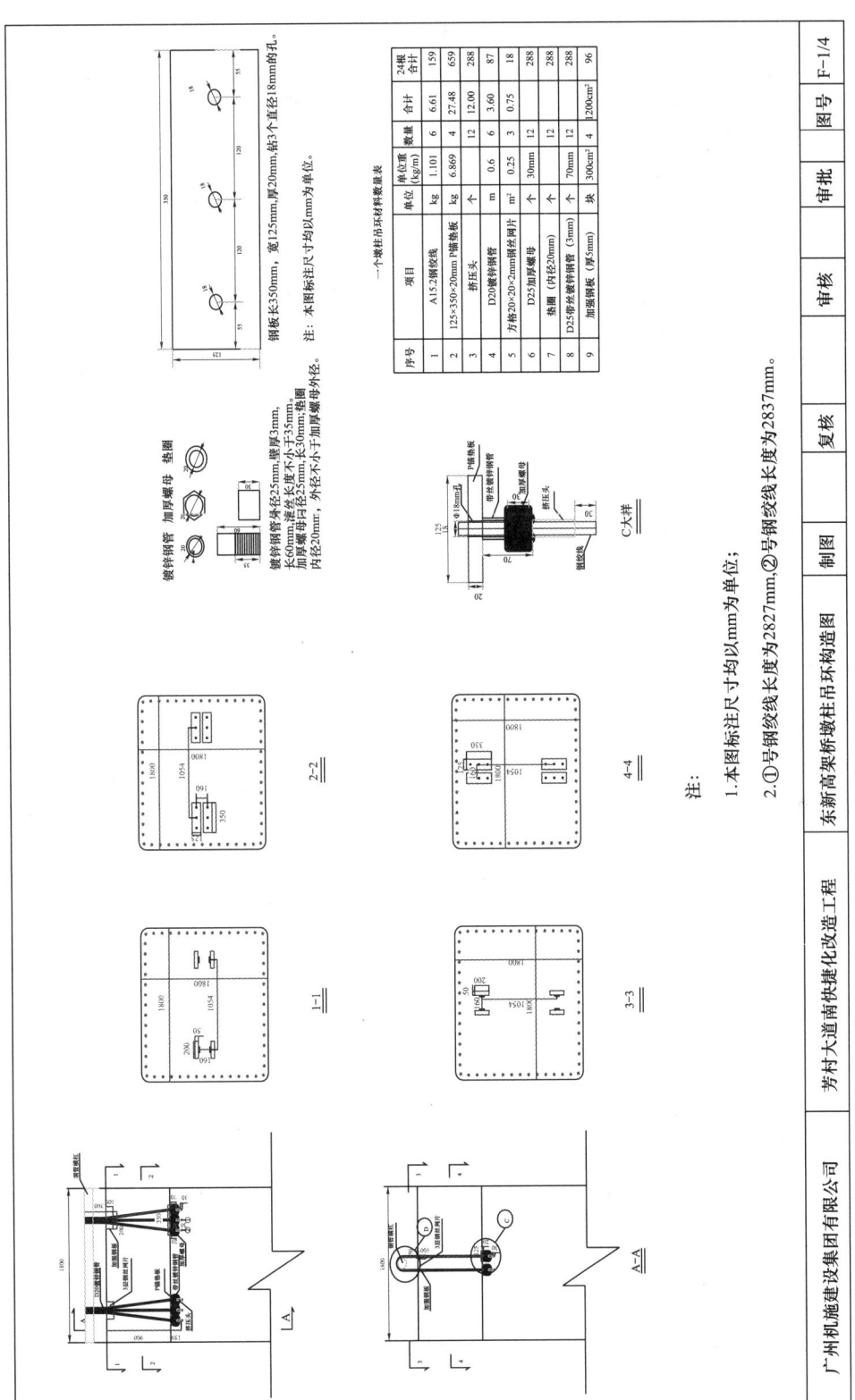

图3-27 吊点布置安装图1

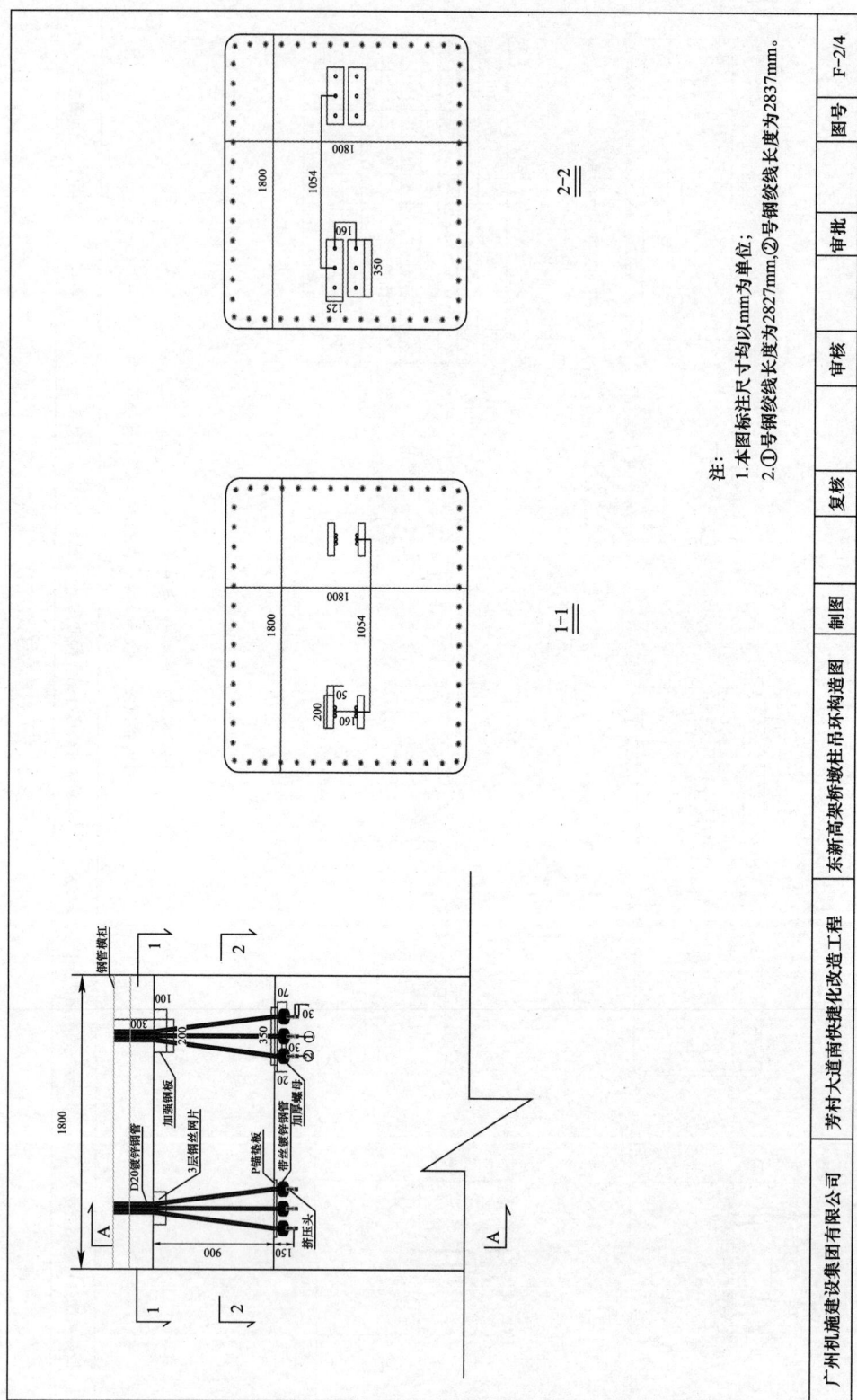

图3-28 吊点布置安装图2

第3章 装配式市政桥梁预制混凝土构件制作

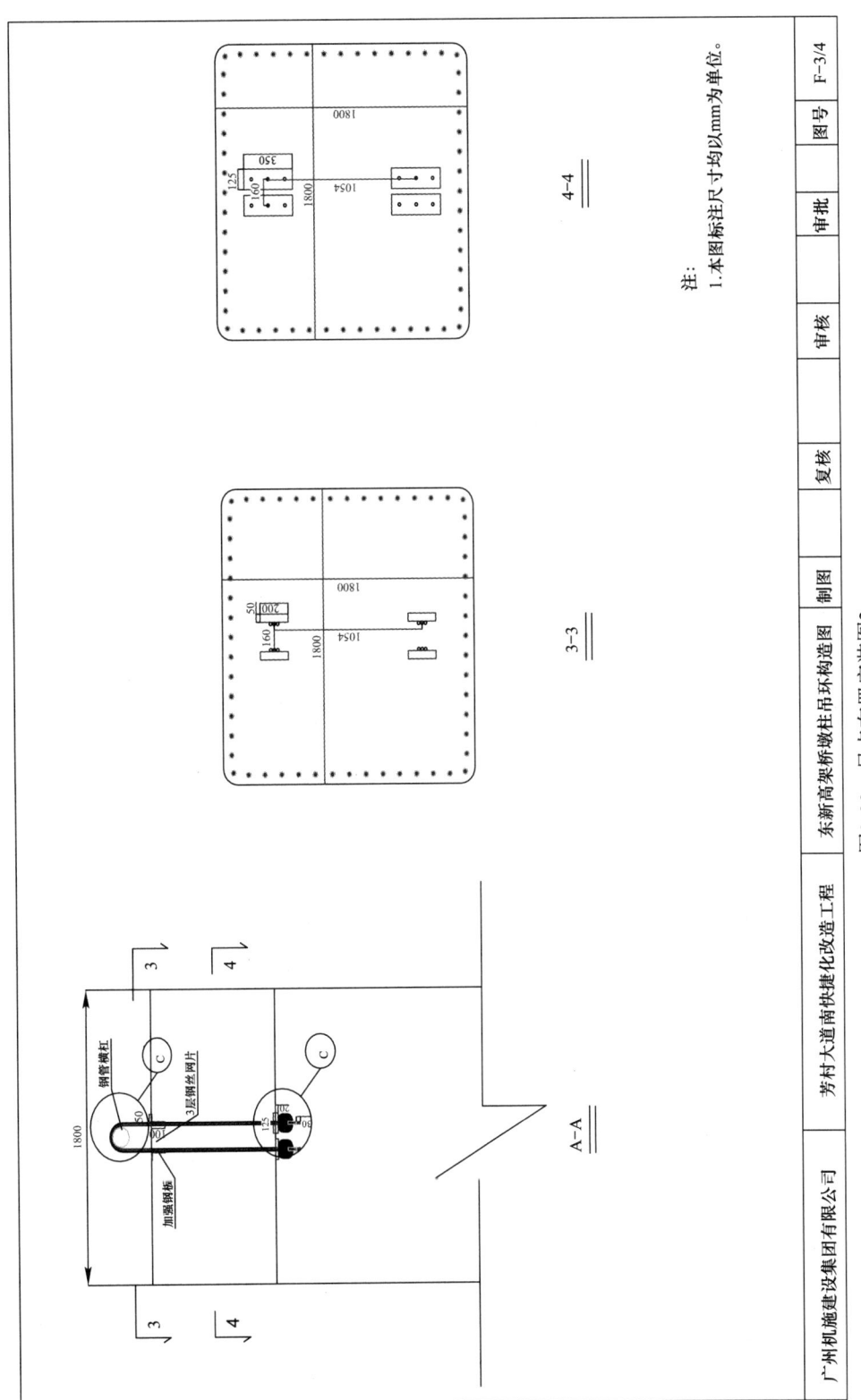

图3-29 吊点布置安装图3

47

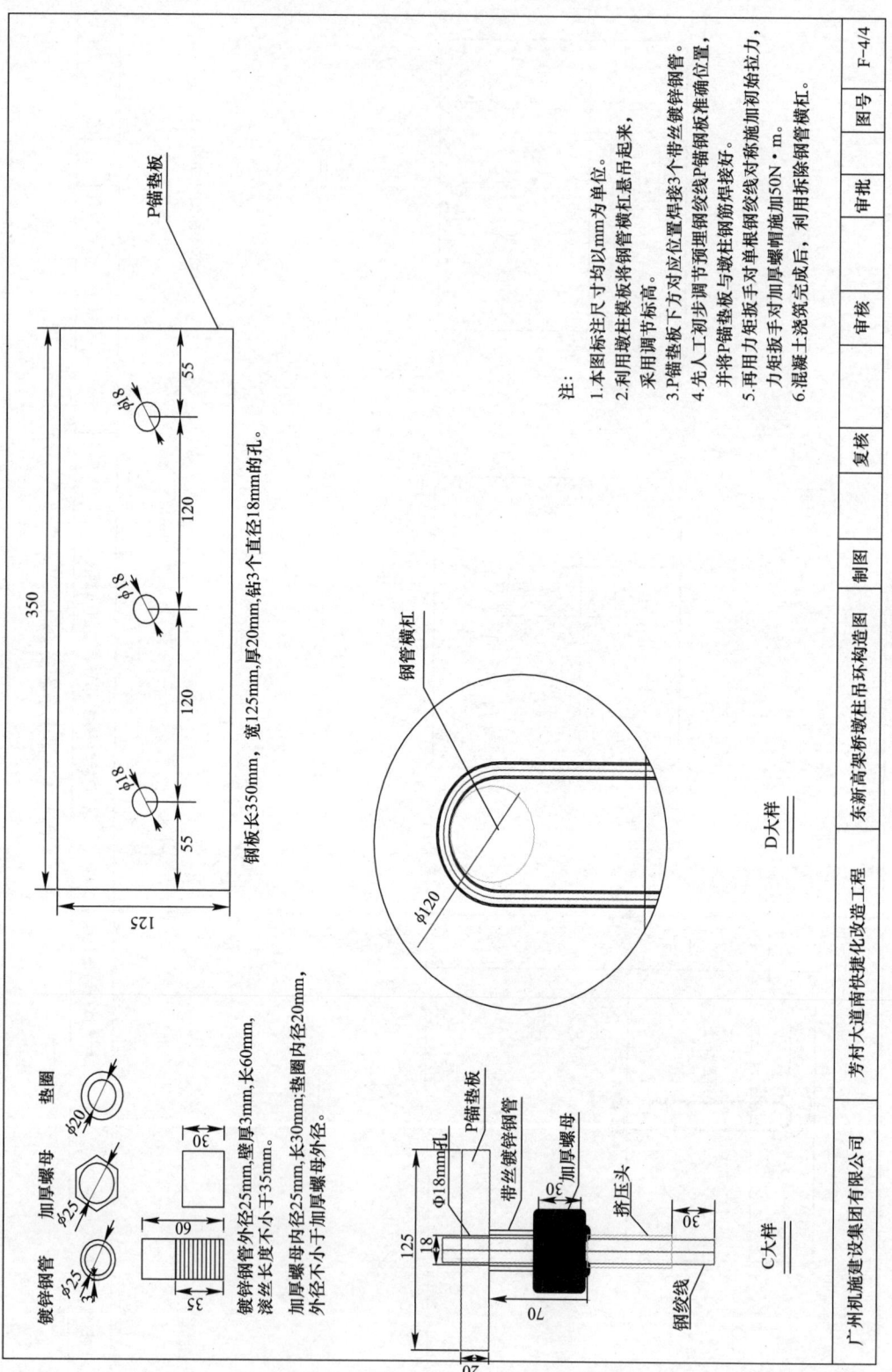

图3-30 吊点布置安装图4

(2) 翻转起吊

钢绞线预埋深度 0.8m 的吊力，受力为 400kN 时断裂。

钢绞线预埋深度 1.0m 的吊力，受力为 450kN 时断裂。

钢绞线预埋深度 1.5m 的吊力，受力为 350kN 时断裂。

(3) 吊点控制方法

为了保证钢绞线吊环同能同时受力，采取以下措施控制：

a. 严格控制吊筋下料和制作的精度。

b. 预埋钢绞线吊筋时，对每根钢绞线施加等同的初应力：

a) P 锚钢板下方的孔处相应位置焊接 3 个 6cm 长的带丝镀锌钢管，镀锌钢管上拧上 3cm 长的加厚螺母。

b) 预埋时穿上施加力的钢管，让预埋筋处于受力状态，固定 P 锚钢板，减少误差。

c) 再用力矩扳手对每个加厚螺母施加 50kN·m，使加厚螺母再次顶死挤压头，让钢绞线处于受力状态。

c. 钢绞线吊环位置外套镀锌钢管，加强钢绞线吊点位置抗剪能力。

d. 保证预埋完后的精度、深度、长度和外露高度一致。

3.1.4 预制混凝土墩柱钢筋笼横向制作-钢模整体翻转-混凝土立式浇筑工艺

1. 大刚度模板制作

由于预制墩柱的精度控制要求很高，并且由于墩柱钢筋笼在工厂内制作方式的改变，故由以往现场竖向绑扎钢筋笼改为工厂内胎架上横向绑扎钢筋笼的方式，为了避免钢筋笼在工厂内多次翻转的繁琐及更好地控制钢筋笼变形，采用墩柱钢筋笼横向入模的方法，通过墩柱钢模板带动钢筋笼翻转。

因此不同于常规现浇立柱模板，采用装配式整体钢模板，模板具有足够的强度、刚度和稳定性，能承受施工过程中产生的各种荷载，既能够采用横向支模的方法安装模板，又能够满足模板带钢筋笼同步翻转的要求，确保钢筋套筒的定位精确不变。其构造主要由侧模、底模、底架、吊架、台车、翻转架及操作平台等组成。预制墩柱安装模板后，检查其顶面高程、各部尺寸、节点联系及纵横向稳定性，检验合格经监理鉴字签认后浇筑混凝土。

2. 墩柱钢筋笼入模、大刚度模板翻转及固定

墩柱钢筋笼模入模时由上至下整体放入模板中，再将上部的侧模安装合模，钢筋及套筒定位板必须尺寸精确，方能与墩柱模板严丝合缝，确保构件尺寸精确。墩柱钢筋笼合模后，为保证预制墩柱构件外观的美观一致，墩柱混凝土浇筑仍采用竖向浇筑的方法，因此需要将墩柱模板带着钢筋笼翻转至竖向，为此设计了专用翻转台实现翻转。为了确保翻转过程中墩柱模板不变形，模板设计时必须具有足够的整体刚度。翻转时模板与翻转台进行销轴连接，利用汽车吊将大刚度模板带钢筋笼一起进行翻转，完成横向至竖向的工况转换。翻转到位后松开销轴移至浇筑台座，并且将墩柱底模与浇筑台座进行螺栓连接，确保连接牢固，然后进行混凝土浇筑。如图 3-31、图 3-32 所示。

图 3-31 墩柱骨架翻转平台

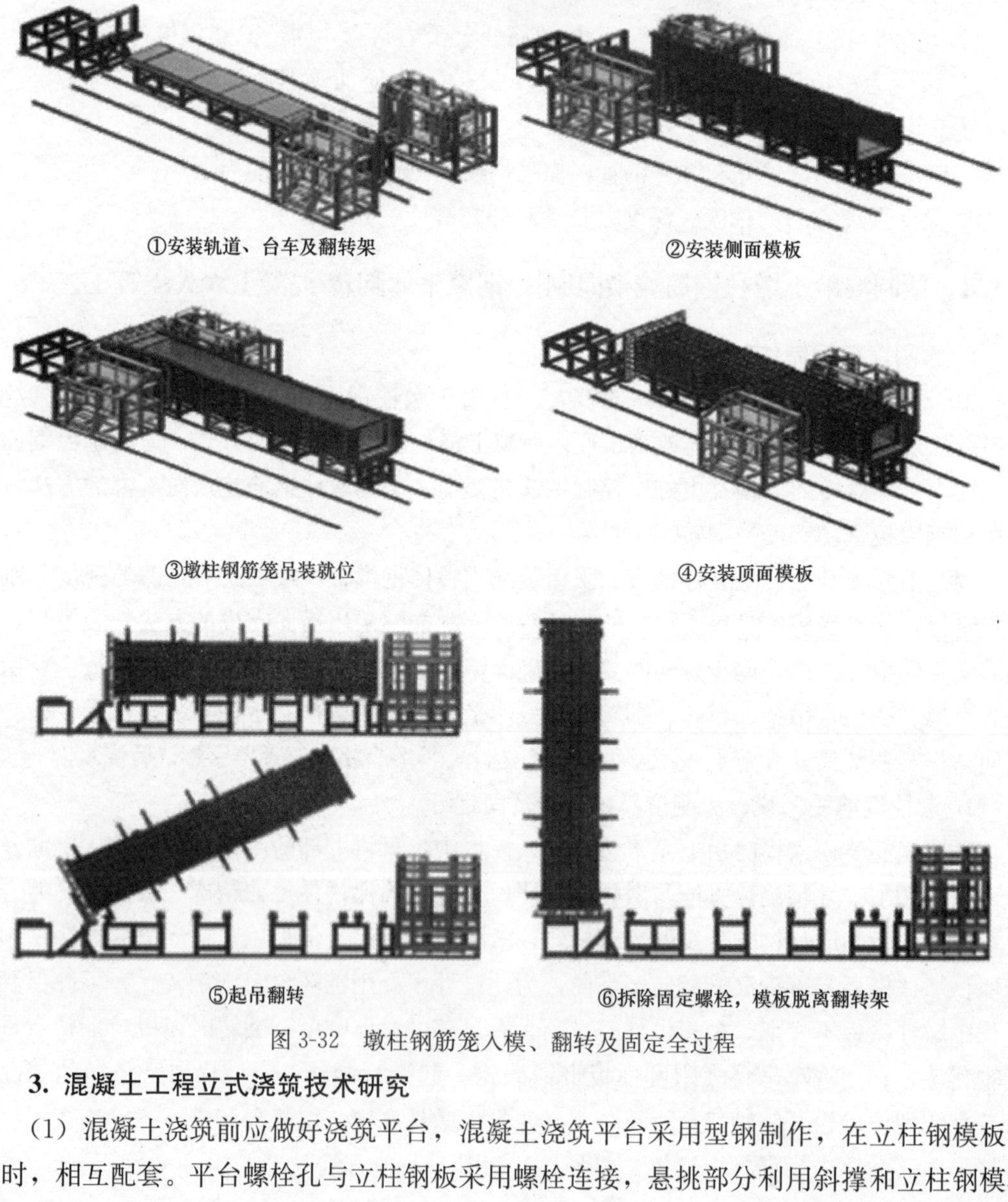

①安装轨道、台车及翻转架　　②安装侧面模板

③墩柱钢筋笼吊装就位　　④安装顶面模板

⑤起吊翻转　　⑥拆除固定螺栓，模板脱离翻转架

图 3-32 墩柱钢筋笼入模、翻转及固定全过程

3. 混凝土工程立式浇筑技术研究

（1）混凝土浇筑前应做好浇筑平台，混凝土浇筑平台采用型钢制作，在立柱钢模板制作时，相互配套。平台螺栓孔与立柱钢板采用螺栓连接，悬挑部分利用斜撑和立柱钢模板

通过螺栓连接。平台每边宽出立柱模板 80cm，防护栏杆高 1.2m。先用起重机将浇筑平台吊至钢模板顶端，初步放置好；然后安装人员站立在登高车栏内，升起升降机，将安装人员送到指定位置；最后用扳手将螺栓全部拧紧，如图 3-33 所示。

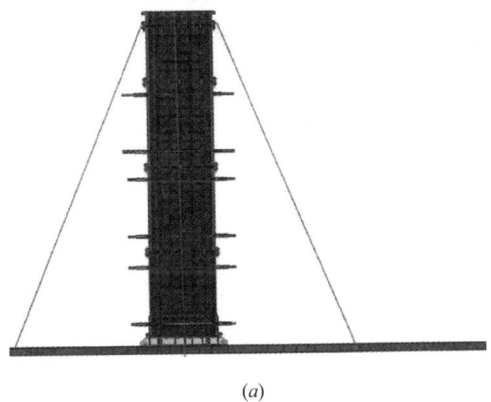

(a)

(b)

图 3-33 浇筑平台
(a) 将模板吊至浇筑台座，并固定；(b) 安装操作平台，并拆除钢筋定位端板

（2）预制立柱混凝土采用立式浇筑工艺，高性能 C50 混凝土一次性浇筑完成。采用天泵进行立式浇捣，如图 3-34 所示。

（3）混凝土坍落度以浇注地点检测为准，要求数值为 160～180mm。振捣时应分层进行，厚度为 30～40cm，且一次连续灌筑。

（4）严格控制混凝土坍落度，适当振捣，直至混凝土不再下沉，表面开始泛浆，不出现气泡为止，严禁过振、漏振。

（5）混凝土构件养护，模板拆除前采用喷淋洒水养护。模板拆除后采用塑料薄膜包裹养护。进行混凝土强度质量评定时，以边长为 150mm 的立方体标准试件测定。试件以同龄期者三块为一组，并以混凝土构件同期养护条件进行养护。如图 3-35 所示，拆除操作浇筑平台、拉紧装置、拆除顶部第一块模板，依次分层从上至下拆除。如图 3-36 所示，在模板拆除后，对墩柱局部有蜂窝麻面的，利用升降机人工进行外观修补。

51

图 3-34 墩柱混凝土浇筑

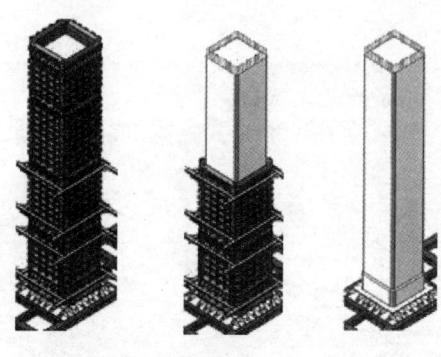

图 3-35 预制混凝土墩柱模板拆除　　图 3-36 升降机人工修补预制混凝土外观

（6）墩柱喷淋洒水养护系统，模板拆除后，用塑料膜包裹养护，塑料膜从上往下包，柱顶覆盖土工布，采用滴桶装满水后，缓慢渗涌进行养护，水蒸气在塑料膜内内循环养护。塑料薄膜包裹养护，如图 3-37、图 3-38 所示。

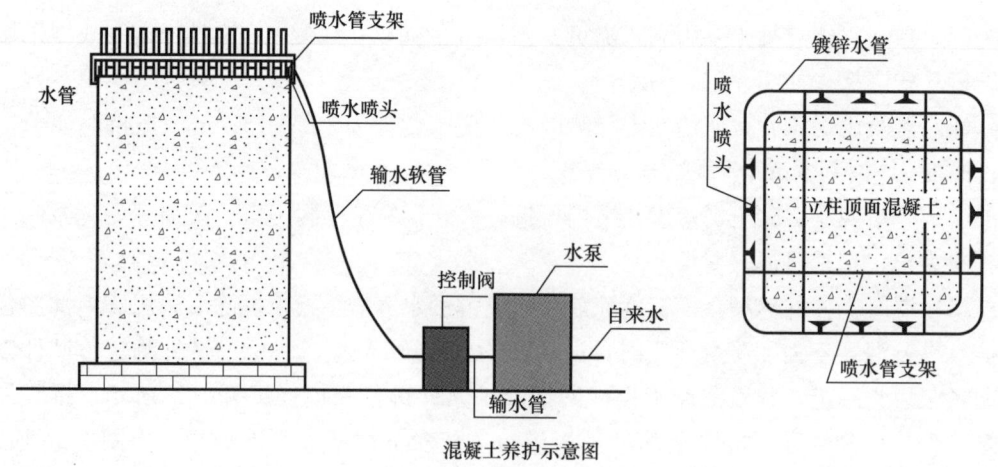

图 3-37 塑料薄膜包裹养护示意图

图 3-38 混凝土塑料薄膜包裹养护

模板拆除：

1）混凝土浇筑完成 24h 后进行模板拆除。

2）模板拆除的顺序和方法，应遵循先支后拆，先非承重部位，后承重部位以及自上而下的原则。拆除时，严禁用大锤和撬棍硬砸硬撬，不得损伤混凝土结构。拆模时，操作人员应站在安全处，以免发生安全事故，拆除模板后全清水预制混凝土墩柱如图 3-39 所示。

图 3-39 预制墩柱成品及三维示意图

全清水预制混凝土墩柱养护 7d 后，方可吊装翻转平放（图 3-40），吊运至墩柱存放区进行存放。

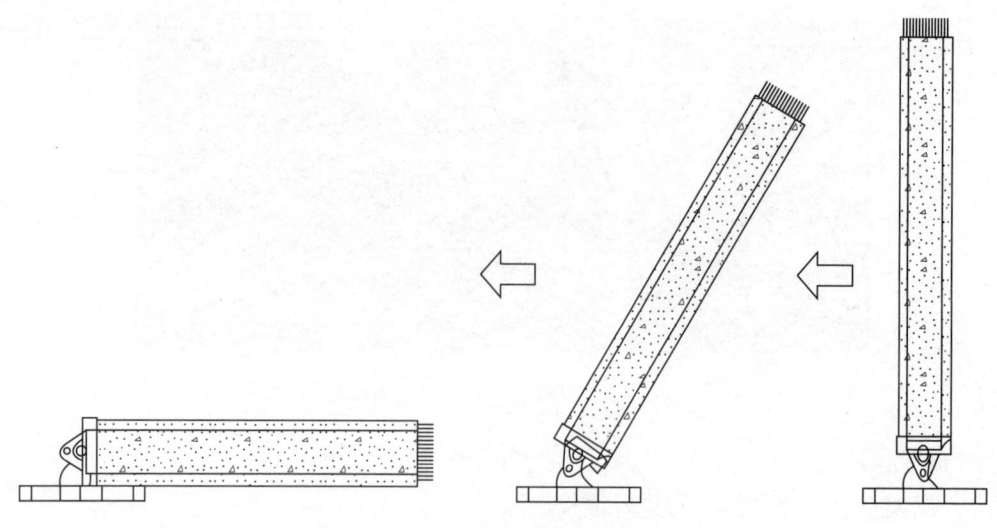

图 3-40 预制混凝土墩柱翻转平放示意

3.2 预制混凝土盖梁生产

根据图纸设计，一榀预制混凝土盖梁长度约为 24m，高度约为 2.5m，预制混凝土盖梁横截面尺寸为 2.48m×2.2m，重量约为 250t，分两段生产后，预制混凝土盖梁体量至少减少一半。预制混凝土盖梁生产后的实物模型如图 3-41 所示。

图 3-41 盖梁实物模型图

3.2.1 大体积钢筋混凝土盖梁生产用钢模板体系研究

组合式钢模板相比传统木模板而言，钢模板通用性强、安装和拆卸极为方便，且可以多次周转。采用组合式钢模板体系生产预制混凝土盖梁，可大大提高生产效率，也可充分保障施工质量，预制混凝土盖梁组合式钢模板设计总图如图 3-42、图 3-43 所示。

1. 预制混凝土盖梁基础设计

预制混凝土盖梁因体量大，需要对地基基础进行承载力设计，盖梁基础应按设计要求

第3章 装配式市政桥梁预制混凝土构件制作

进行硬化处理并做好防水排水措施,如图3-44所示。

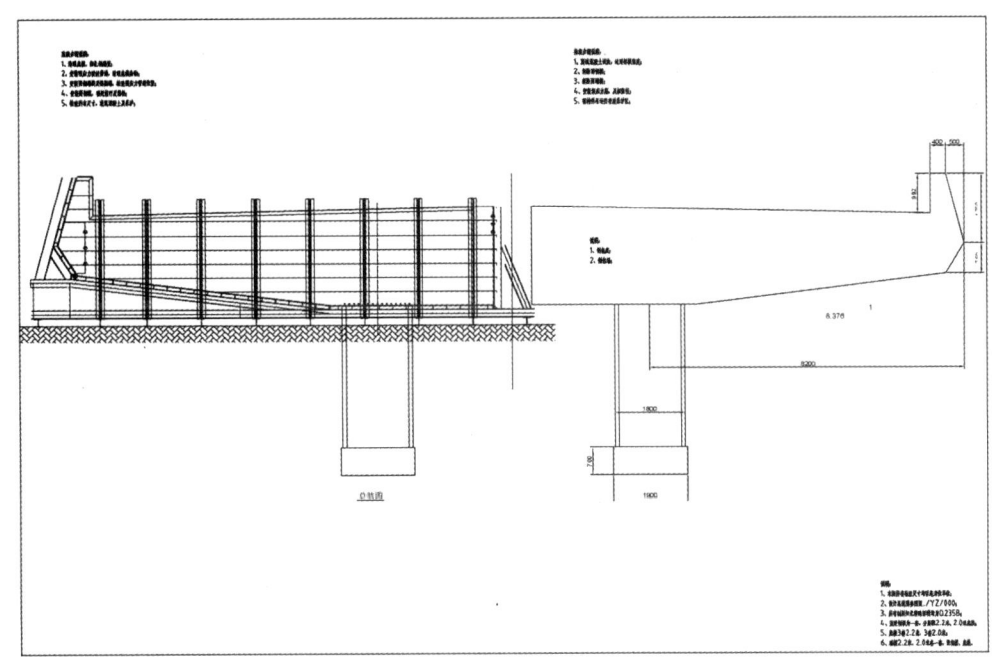

图 3-42 预制混凝土盖梁模板总图(一)

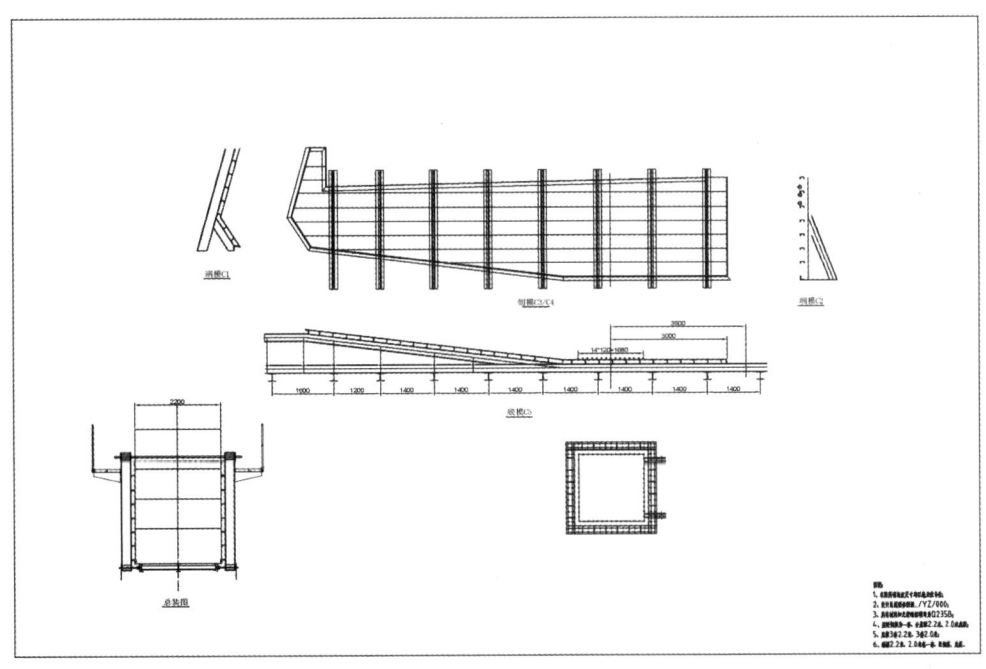

图 3-43 预制混凝土盖梁总图(二)

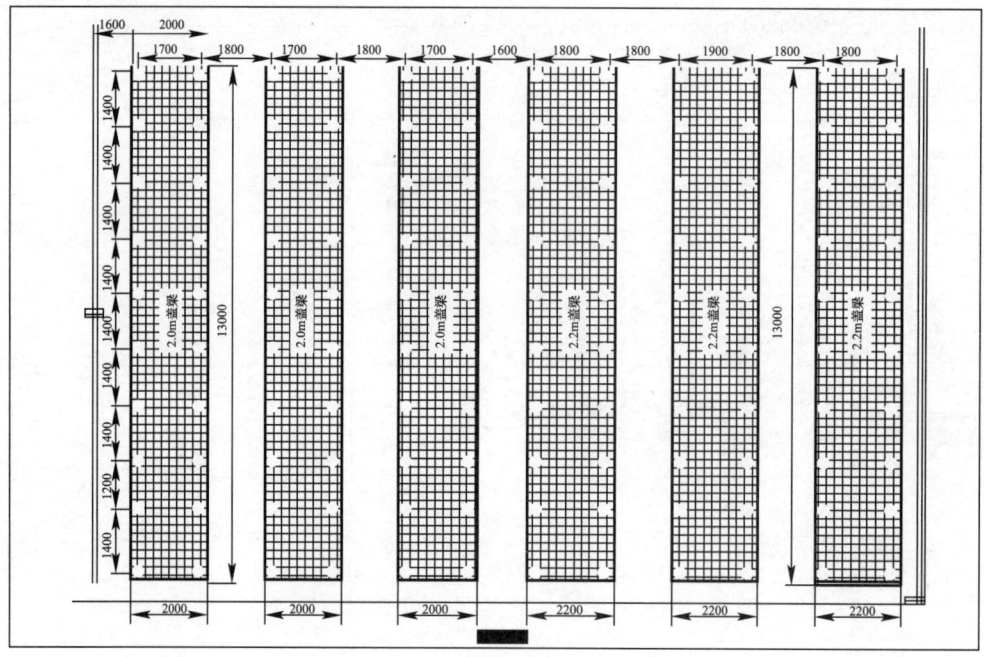

图 3-44 盖梁模板基础设计图

2. 预制混凝土盖梁模板底座设计

预制混凝土盖梁模板底座采用整体式钢底模，套筒部位设置定位板，定位板在钢筋笼胎架上随钢筋笼一起入模，同时也作为套筒区域的底模，如图 3-45、图 3-46 所示。

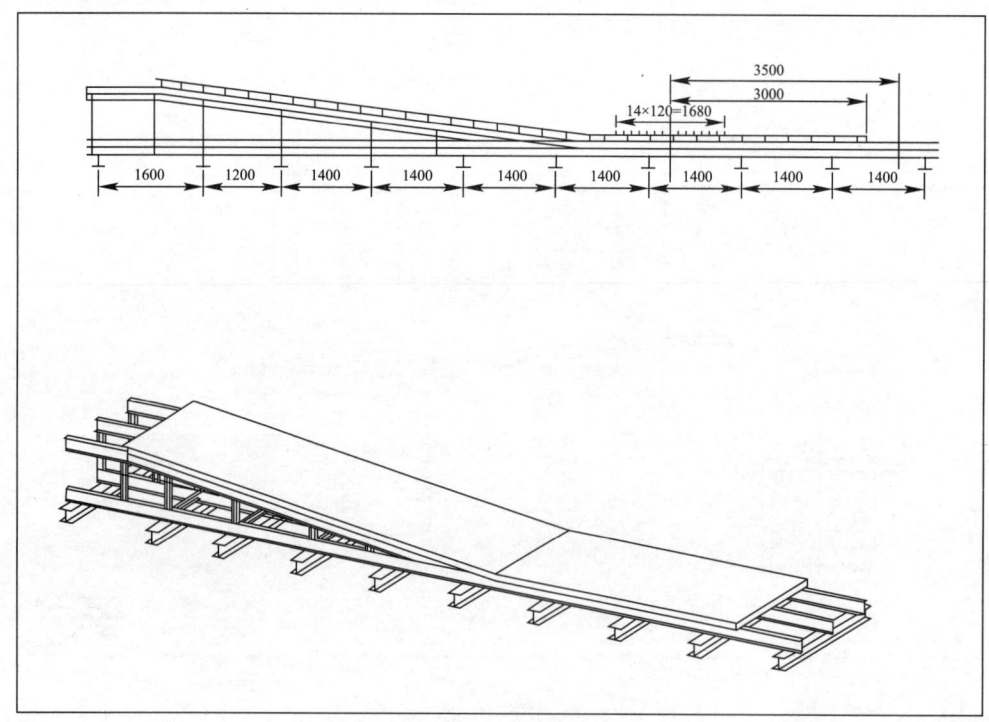

图 3-45 盖梁底模设计图（一）

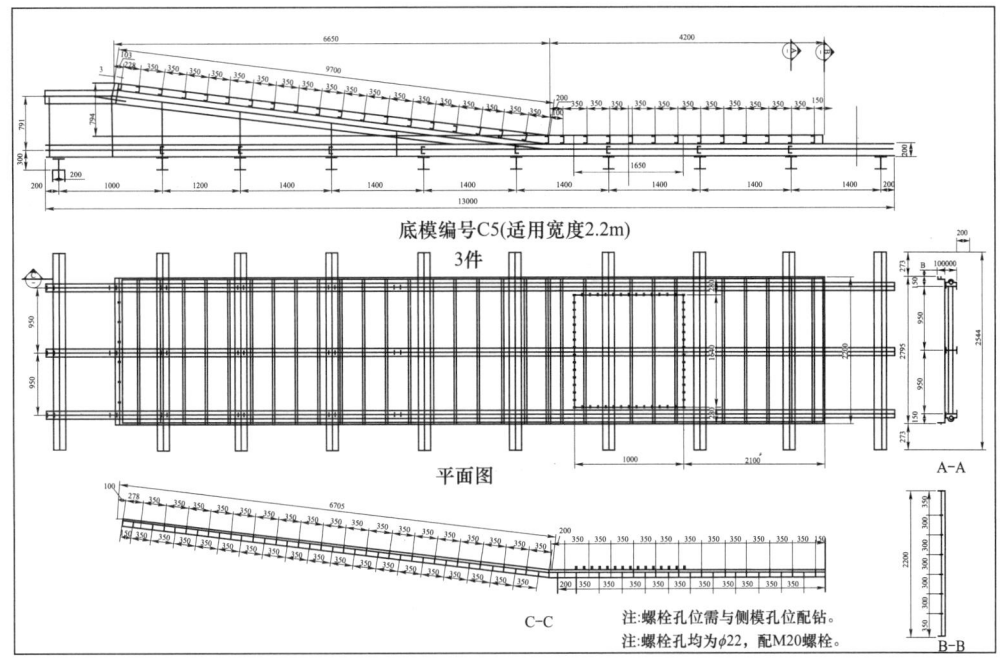

图 3-46 盖梁底模设计图（二）

3. 预制混凝土盖梁模板侧模设计

如图 3-47 所示，预制混凝土盖梁侧模采用整体式滑移模板，通过调节形成 2m、2.2m 的两种宽度，方便施工。

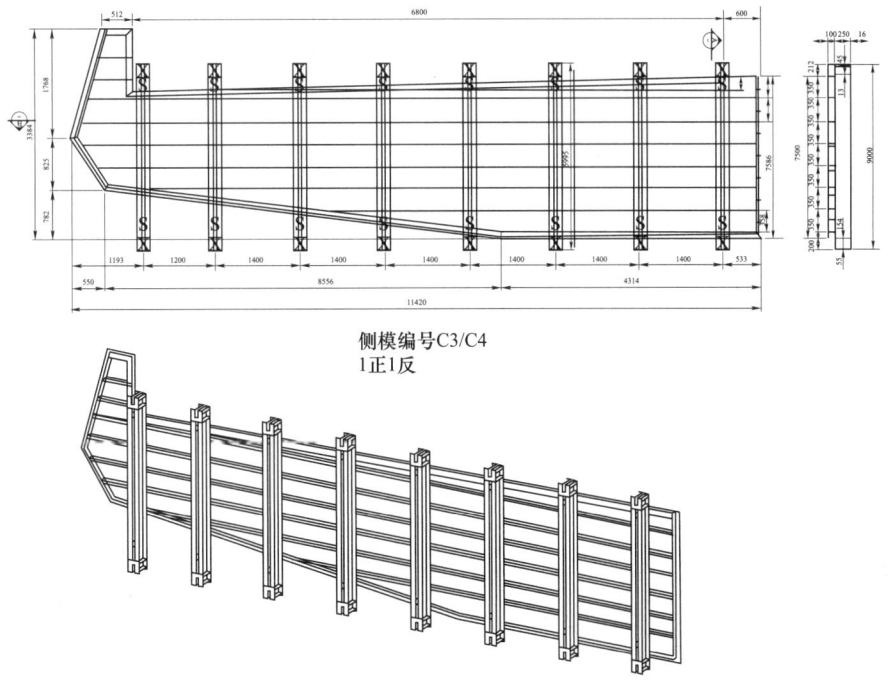

图 3-47 预制混凝土盖梁模板侧模设计

对侧模压力进行计算,计算过程如下:混凝土作用于模板的侧压力,根据测定,随混凝土的浇筑高度而增加,当浇筑高度达到某一临界时,侧压力就不再增加,此时的侧压力即为新浇筑混凝土的最大侧压力。侧压力达到最大值的浇筑高度称为混凝土的有效压头。通过理论和实践,可按下列二式计算,并取其最小值:

$$F = 0.22\gamma_c t_0 \beta_1 \beta_2 v^{\frac{1}{2}}$$

$$F = \gamma_c H$$

式中 F——新浇筑混凝土对模板的最大侧压力（kN/m^2）;

γ_c——混凝土的重力密度（kN/m^3）,此处取 $25kN/m^3$;

t_0——新浇混凝土的初凝时间（h）,可按实测确定。当缺乏实验资料时,可采用 $t_0=200/(T+15)$ 计算;假设混凝土入模温度为 25℃,即 $T=25℃$, $t_0=5$;

V——混凝土的浇灌速度（m/h）,取 2.5m/h;

H——混凝土侧压力计算位置处至新浇混凝土顶面的总高度（m）,取 9m;

β_1——外加剂影响修正系数,不掺外加剂时取 1;掺具有缓凝作用的外加剂时 1.2;

β_2——混凝土坍落度影响系数,当坍落度小于 30mm 时,取 0.85;50～90mm 时,取 1;110～150mm 时,取 1.15;

故通过上式计算得知:

$$F = 0.22\gamma_c t_0 \beta_1 \beta_2 v^{\frac{1}{2}} = 0.22 \times 25 \times 8 \times 1.15 \times 1.2 \times \sqrt{3} = 105.2 kN/m^2$$

$$F = \gamma_c H = 25 \times 3 = 75 kN/m^2$$

取二者中的较小值,$F=75kN/m^2$。

倾倒溜槽、串筒倾倒混凝土产生的水平荷载标准值 $2.0kN/m^2$,

$q=75\times1.2+2\times1.4=92.8kN/m^2$。

综上,大模板混凝土侧压力标准值为 $75kN/m^2$,设计值为 $92.8kN/m^2$。

模板验算:将面板视为支撑在槽钢的三跨连续梁,面板长度取 4200mm,宽度 $b=2000mm$,槽钢间距 1400mm。

强度验算

作用在面板上的线荷载为

由计算可知:$w_{max}=2.1mm \leqslant l/400=10mm$,满足要求。

应力:满足要求。

4. 预制混凝土盖梁模板端模设计

如图 3-48 所示,预制混凝土盖梁采用分体组合式,张拉槽口模板与端模配合使用,采用斜撑固定,方便安拆。

5. 上下拉杆设计

如图 3-49 所示,上拉杆采用整体式 25 精轧螺纹钢,两端设置限位装置;下拉杆分别拉住底模,同样采用 25 精轧螺纹钢。

通过上述步骤深化设计和研制,应用 BIM 技术进行模板预拼装,对照预拼装的模型进行组装,形成的预制混凝土盖梁组合式钢模体系如图 3-50、图 3-51 所示。

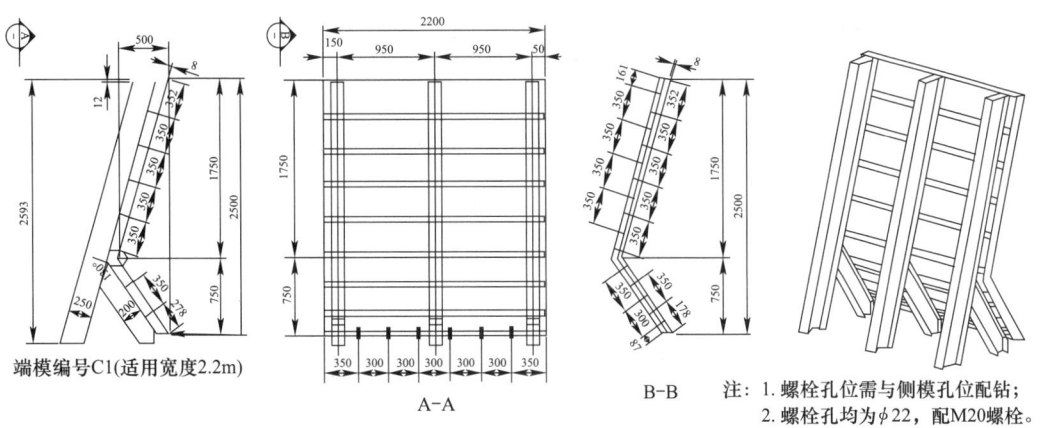

图 3-48 盖梁端模设计图

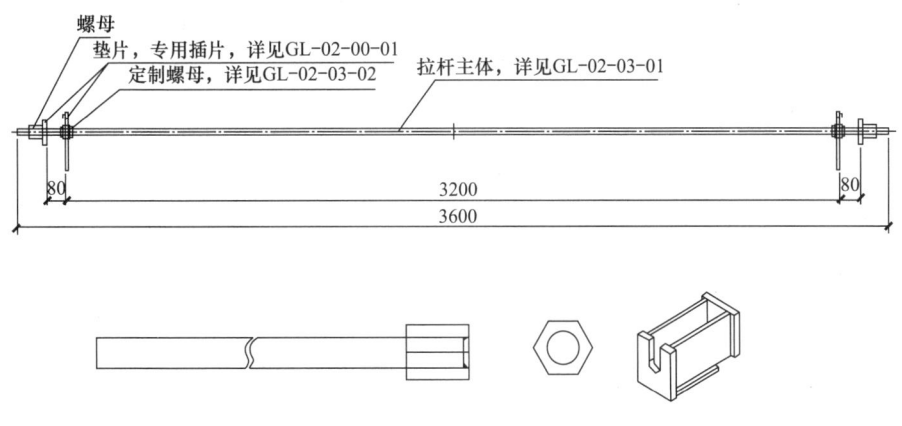

图 3-49 上下拉杆设计图

图 3-50 盖梁模具三维效果图

图 3-51 盖梁现场制作实物图

3.2.2 大型钢筋混凝土盖梁吊点位置分布及构造研究

1. 吊环的选择

如图3-52所示,在预制混凝土构件吊装过程中,吊环通常采用HPB300级光圆钢筋制作。由于HPB300级钢筋抗拉标准强度为270MPa,抗拉强度无法满足大体量预制混凝土盖梁的吊装要求。

整榀盖梁重量约为250t,分两段预制,需要吊装的最大盖梁重量约为130t,吊装时取最大重量为140t,即$G=140$kN,若采用传统钢筋吊装,设置4个吊点,则每个吊环需承受重量为$F=\dfrac{G}{4}=350$kN,则每根钢筋抗拉强度计算为:$\pi \times \dfrac{D^2}{4} \times f \geqslant F$,可以解得钢筋直径$D \geqslant 40$mm,因此当预制混凝土构件较重时,为了满足吊装需求,吊环设计直径较大,材料用量大,经济性较差,适用性也较差。

通过计算分析,对这种大体量的预制混凝土盖梁采用U形吊环结构。采用抗拉标准强度为1860MPa的预应力钢绞线,抗拉强度高,替代抗拉强度较低的普通钢筋,将其预埋在预制混凝土构件内作为吊环使用,通过设置较少股数的预应力钢绞线实现对较重预制混凝土构件的安全起吊、翻转、安装等工作。同时,在吊装完成后,切割总体直径较细的钢绞线也较切割总体直径较粗的钢筋更方便。大体量预制混凝土盖梁U形吊环如图3-53所示。

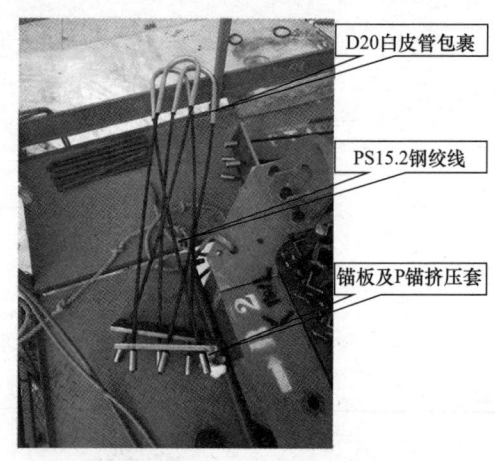

图3-52 传统吊环设计　　　　　　图3-53 U形吊环实物图

盖梁采用预埋钢绞线吊点进行吊装作业,钢绞线采用PS15.2,钢绞线埋深1000mm,表面伸出长度为250mm,钢绞线标准抗拉强度高,能有效保证吊装的安全性,预埋的最底部采用锚板及P锚挤压套的形式加强,吊点处的钢绞线采用D20×1的白皮管包裹加强钢绞线吊点的局部抗剪能力,铁管长度为600mm,形状为R80的圆弧,使钢绞线在吊装过程中均匀受力。

2. 吊点的位置设计

针对大体量预制混凝土盖梁的特点,设置两组吊点,两吊点之间距离1054mm;一组距中线侧盖梁边长2900mm,另外一组距盖梁端部3280mm;如图3-54所示。

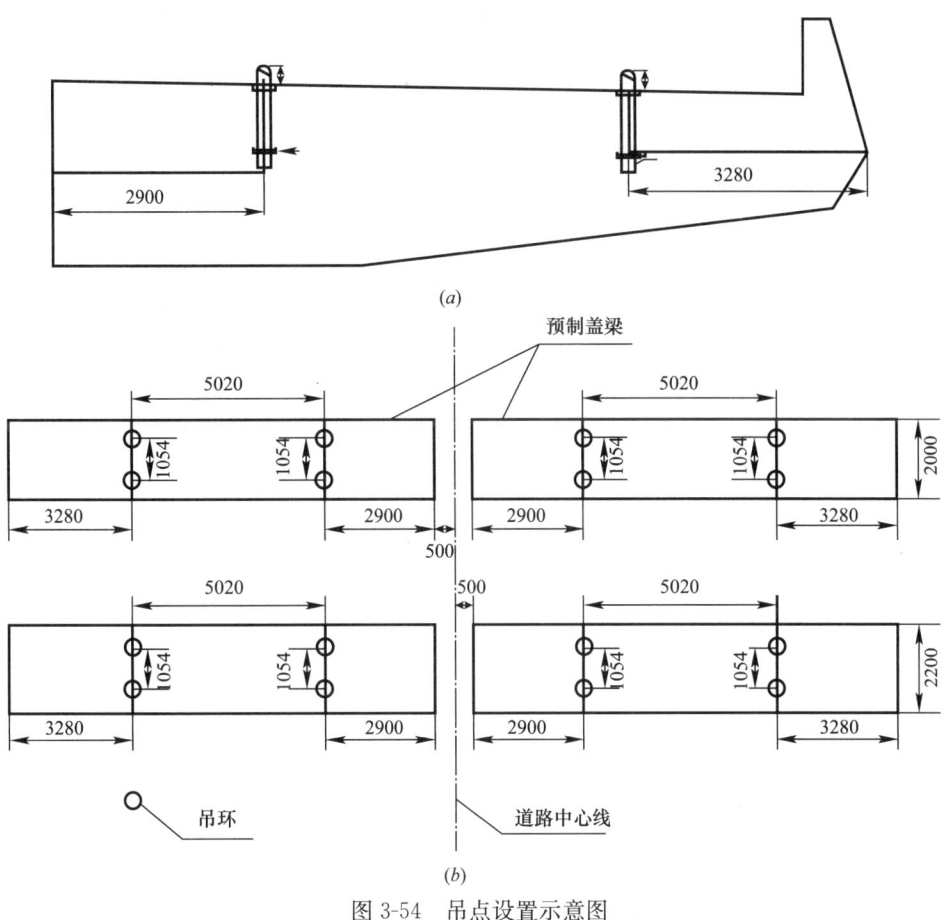

图 3-54 吊点设置示意图
（a）剖面图；（b）平面图

吊点设置示意图如图 3-55 所示。

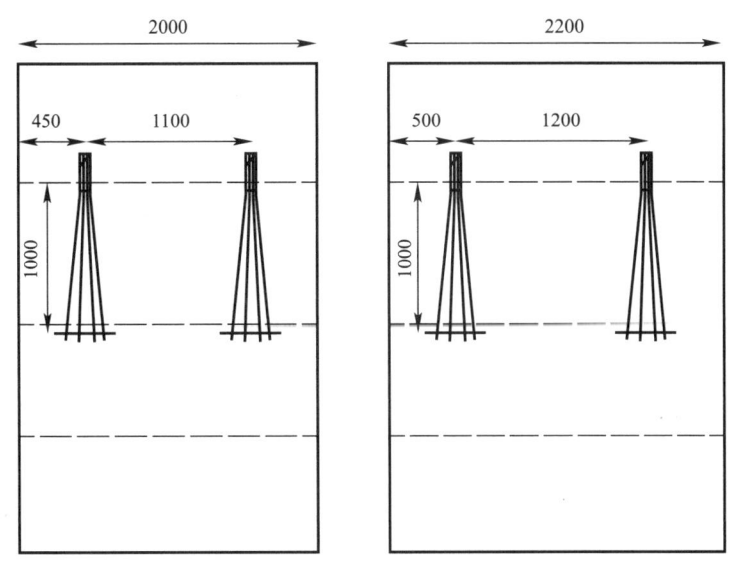

图 3-55 吊点设置示意图（一）

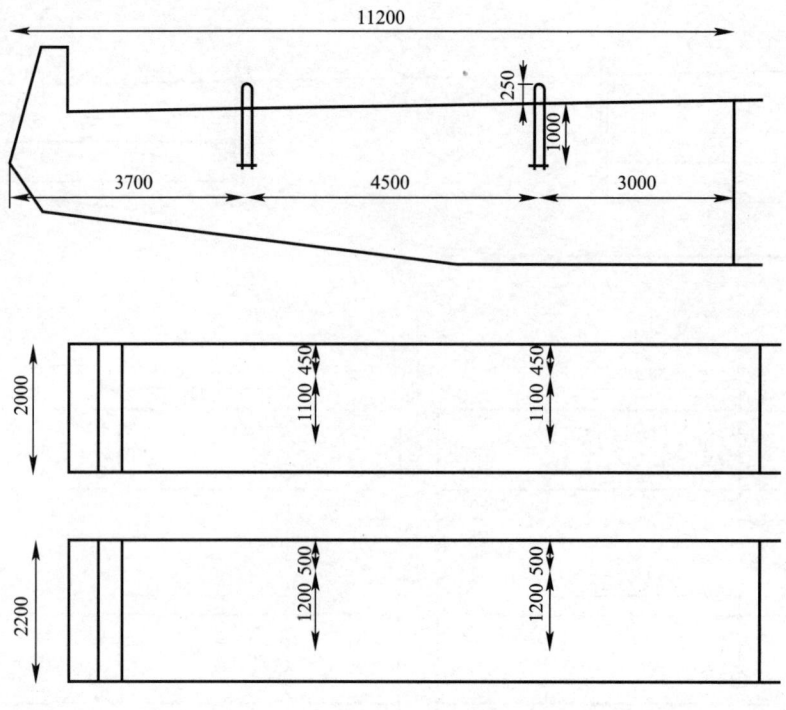

图 3-55 吊点设置示意图（二）

3. 吊点的受力计算

吊点设置须保证盖梁或吊装或转运过程中平稳，且承重必须满足吊装要求。

安全性验算过程如下：

盖梁最大重量为 133.7t，吊装时吊具取最大重量，总计：$G=1400$kN。

设置 4 个吊点，每个吊点由 3 股钢绞线组成，共计 12 股钢绞线，每股钢绞线吊点吊力为 $F=\dfrac{G}{12}=116.7$kN。

吊点钢绞线采用抗拉强度标准值为 1860MPa 的高强低弛钢绞线，直径 $p=15.2$mm，$E_r=1.95\times10^5$N/mm²，有效截面积 140m²，单股可承受 260.4kN，安全系数 $n=\dfrac{260.4\text{kN}}{2116.7\text{kN}}=2.23$。

鉴于预制混凝土盖梁体量大，建立了有限元模型，以此分析吊点的受力和变形形态。

(1) ANSYS 有限元模型建立

由于两段式盖梁为对称结构，因此模型只建立 1/2 盖梁结构。几何模型见图 3-56 所示。对盖梁结构划分网格，在吊点位置细分单元网格，远离吊点位置的混凝土不是主要分析对象，网格适当放大。整个结构的单元数 22600。结构整体单元和局部单元如图 3-56 所示。

边界条件：在混凝土盖梁对称面施加对称约束，对吊钩两端施加固结约束。下部分钢板与钢绞线之间、下钢板与混凝土之间采用固结，而钢绞线与混凝土之间未设接触单元，即此次计算未完全模拟钢绞线与混凝土的接触情况。即吊钩直接传力给吊耳，吊耳通过钢绞线传力给下部钢板。

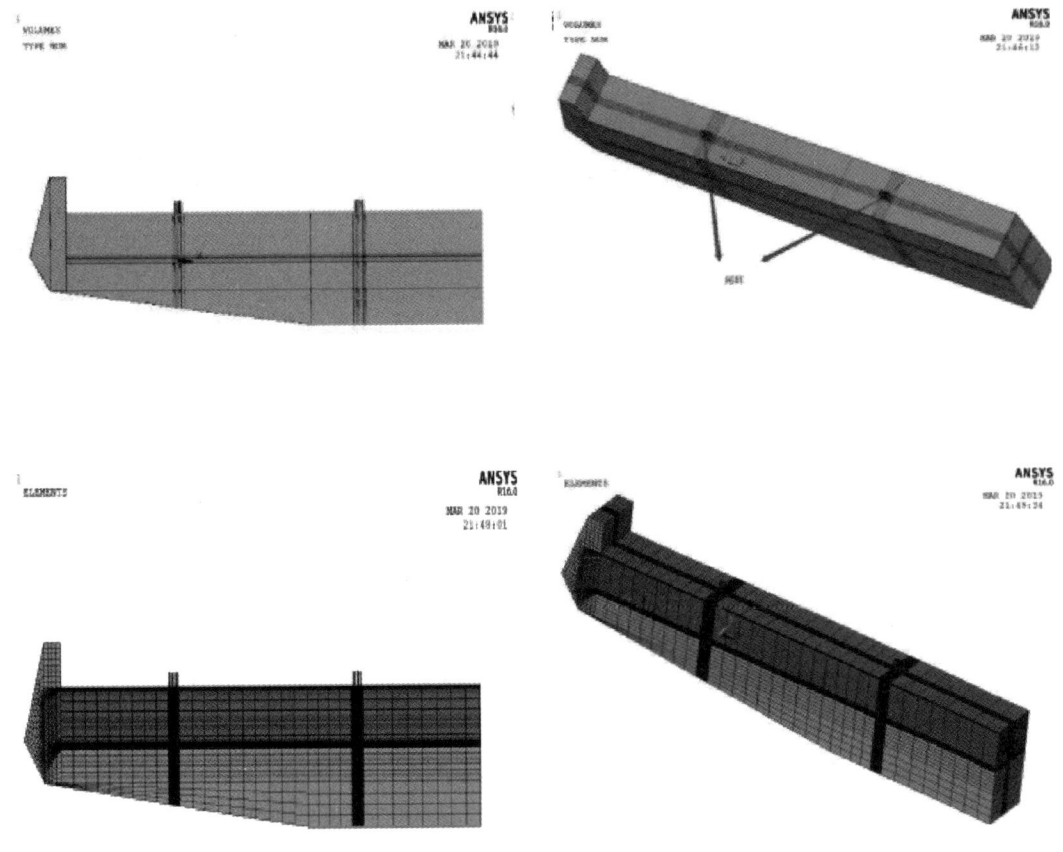

图 3-56 结构划分单元网格图

对整个预制混凝土盖梁结构施加自重荷载。

(2) 计算结果分析

1) 应变分析

如图 3-57～图 3-59 所示，吊耳的最大变形为 1.51mm，发生在钢绞线 U 形位置。吊环的最大等效应力为 389.222MPa，发生钢绞线与下部钢板接触部位。而 15.2 钢绞线，$f_{pk}=1860$MPa，标准强度为 $1860×75\%=1395$MPa。最大应力低于其标准强度。而钢板的最大应力为 390.297MPa、发生在钢绞线接触的位置，Q345 钢的屈服强度为 345MPa，钢材可能局部屈服。钢绞线受力低于其标准强度，安全。钢板局部地方略高于其屈服强度，整体安全。

2) 应力分析

如图 3-60～图 3-63 所示，在混凝土与钢板朝下面部接触位置主拉应力较大，在混凝土与钢板朝上面接触位置主拉应力也较大，应力集中情况也比较明显。下部混凝土，混凝土拉应力下降较快，内部混凝土应力没有过大。值得注意，钢垫板附近的局部混凝土可能存在开裂。可考虑在混凝土中加横向钢筋与钢绞线相接或增加钢筋网片，以使混凝土更好参与协同受力。

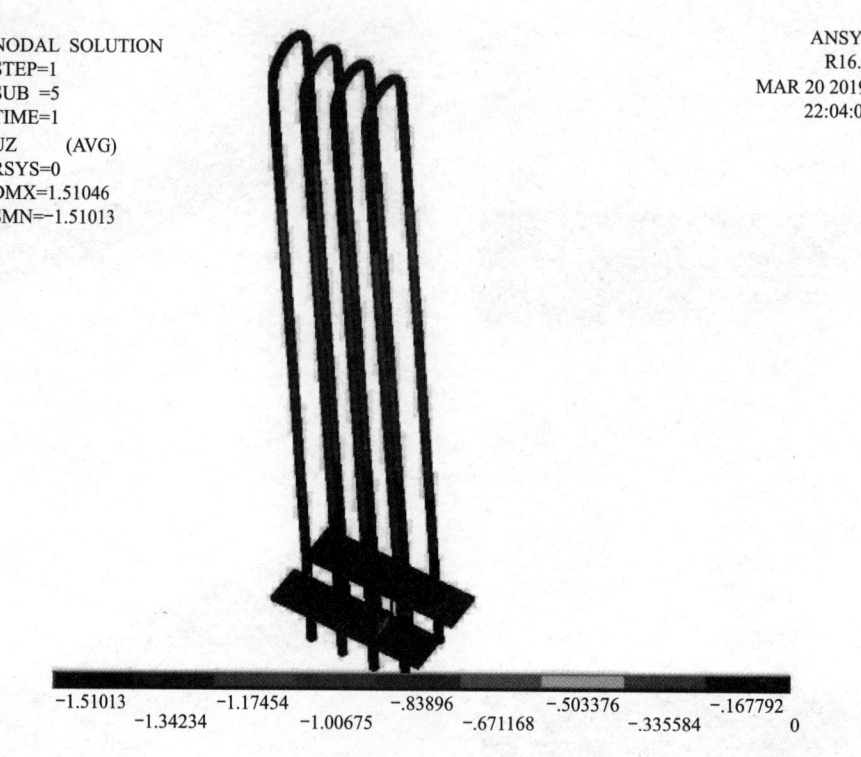

图 3-57 钢绞线位移图

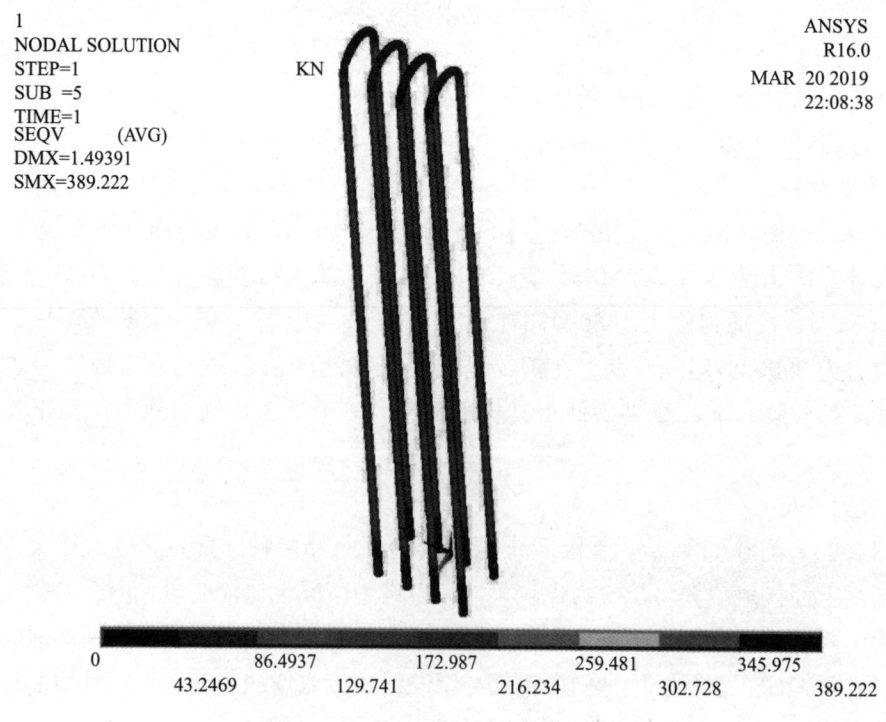

图 3-58 钢绞线等效应力结果图（一）

第 3 章 装配式市政桥梁预制混凝土构件制作

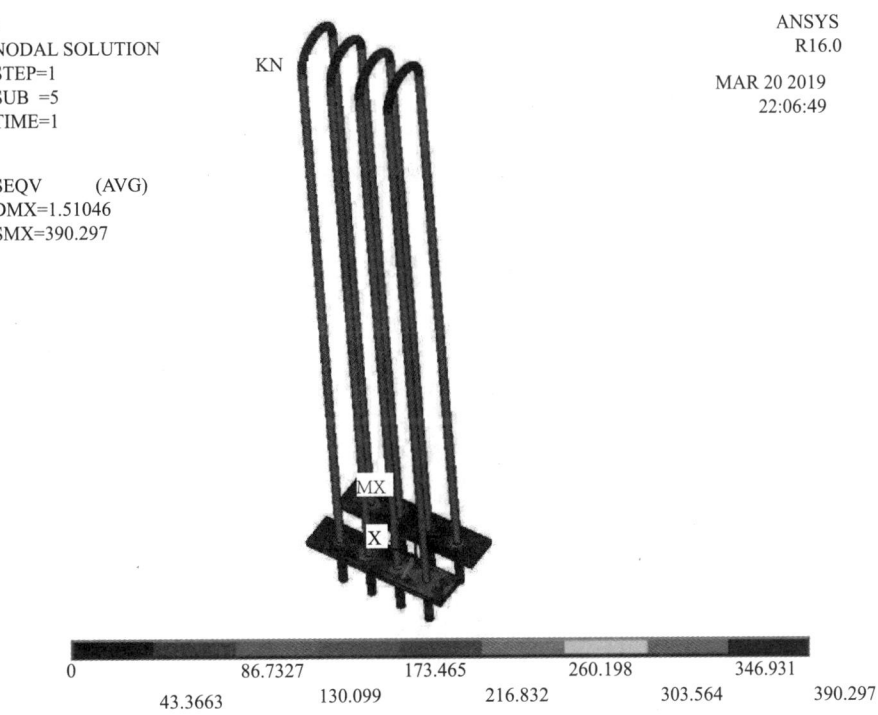

图 3-59 吊环等效应力结果图（二）

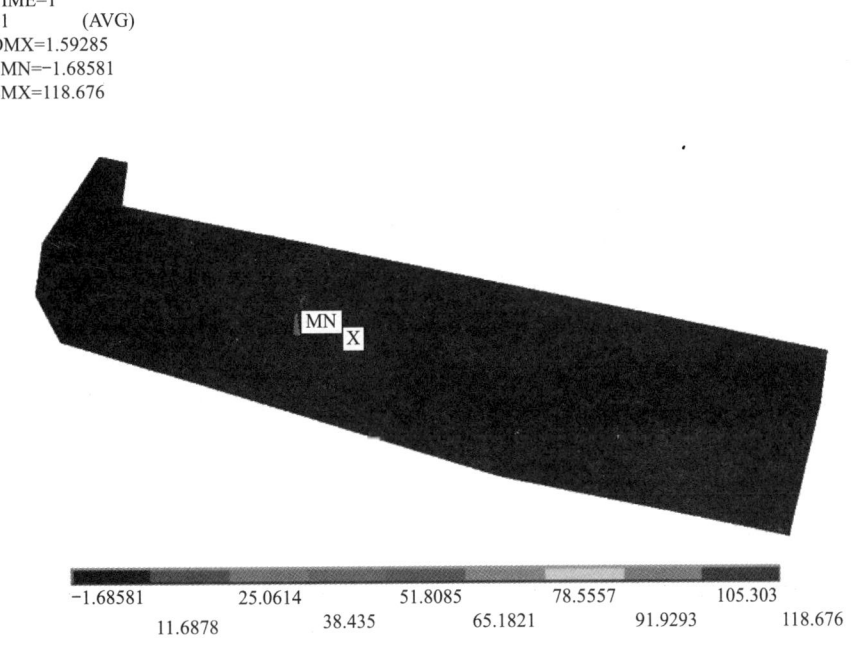

图 3-60 混凝土主拉应力结果图

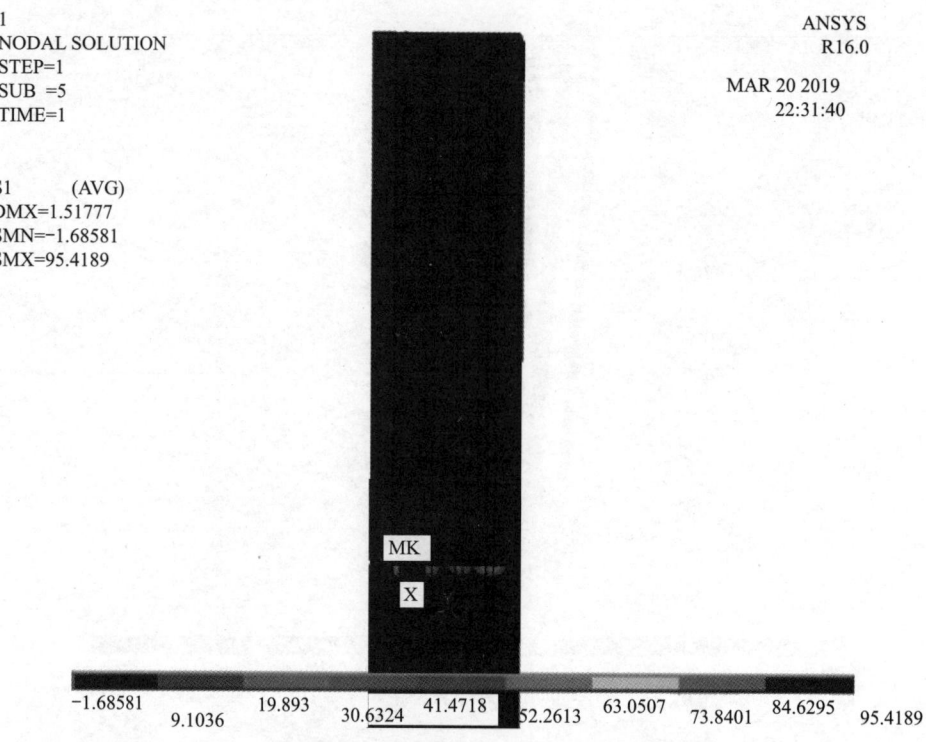

图 3-61　混凝土沿钢绞线剖开内部主拉应力结果图

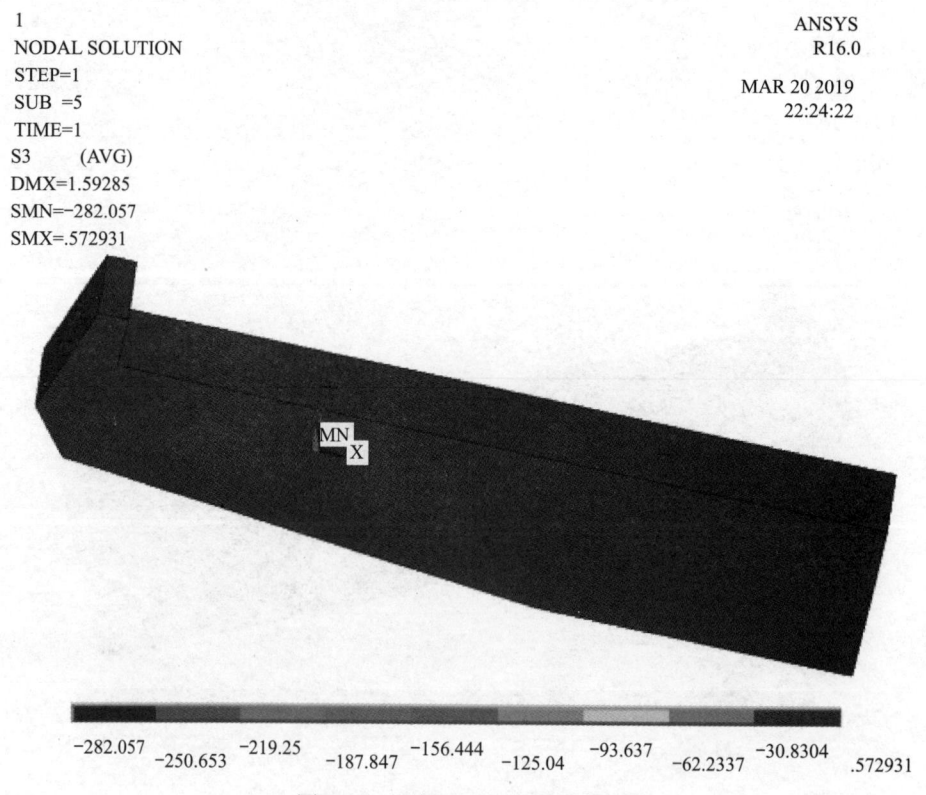

图 3-62　混凝土主拉应力结果图

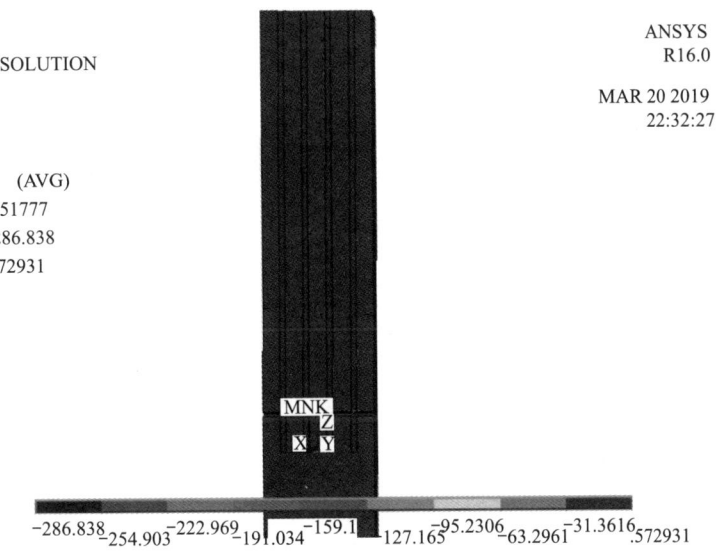

图 3-63 混凝土沿钢绞线剖开内部主拉应力结果图

3.2.3 预应力钢筋波纹管、大直径灌浆套筒及吊点预埋件定位措施研究

1. 套筒定位

为保证套筒安装精度，采用套筒固定端结合盖梁底模的形式，其既起套筒定位的作用，又是浇筑过程中盖梁的底模板。在钢筋笼吊装入模板的时候是不拆卸的，同时吊装入模。

（1）带定位销底模设计

设计一种带有定位销的底模，尺寸位置和大小均固定，定位销的尺寸间距定位120mm×120mm。根据灌浆套筒的大小，底模定位销的尺寸设计为直径53mm，高度78mm。定位销平面设计图如图3-64所示。

定位销侧面设计图如图3-65所示：

经模具厂加工后的带定位销底模实物如图3-66所示。

（2）套筒安装

把套筒装配端（大孔口端）套入密封柱塞

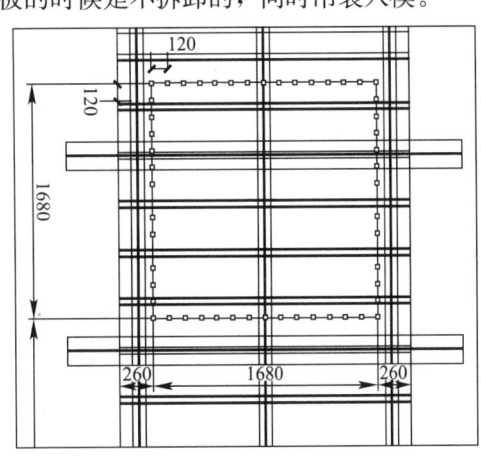

图 3-64 定位销平面位置图（单位：mm）

至套筒端面贴紧端模板，用工具（如扳手）拧紧端模外面的螺母，橡胶柱塞在螺栓拉力作用下向外膨胀使得橡胶柱塞与套筒内壁紧密贴合，实现对套筒的定位密封。安装时注意两端侧面的螺纹孔口应向外垂直于构件端面，以方便灌浆管和出浆管与其连接。

通过在底模上预留灌浆套筒定位销，保证了构件生产的精确性，同时也起到了稳固套筒的作用，安装成型的套筒如图3-67所示。

上部采用钢筋固定，安装成型后的灌浆套筒示意图如图3-68所示。

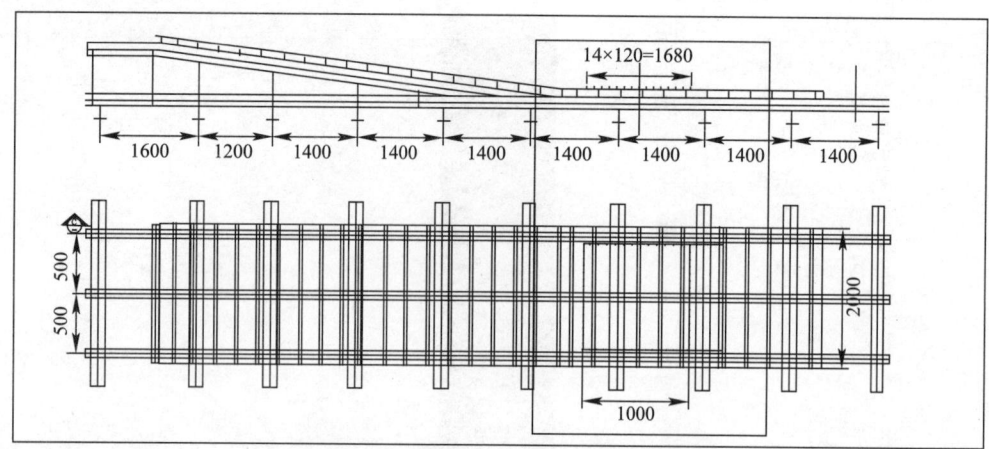

图 3-65 定位销侧面位置图（单位：mm）

图 3-66 带有定位销的底模实物图

图 3-67 安装成型的套筒底模实物图（一）

2. 预制混凝土盖梁吊点安装

预制混凝土盖梁现场使用的吊环如图 3-69、图 3-70 所示。

图 3-68 安装成型的套筒底模实物图（二）

图 3-69 吊环实物图（一）

第3章 装配式市政桥梁预制混凝土构件制作

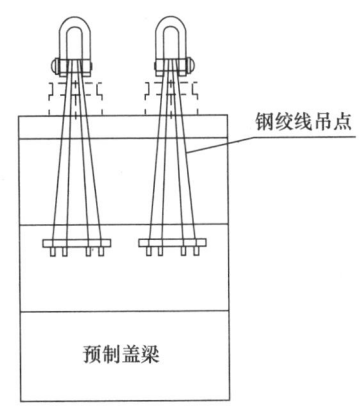

图 3-70 吊环实物图（二）

钢绞线吊点安装控制的关键点在于：两吊点间距严格控制、伸出长度的控制、吊点处加装钢丝网片加强。

伸出长度通过预埋钢筋支座来精确控制其长度，安装时锚板与挤压套之间不得有间隙，锚板固定于盖梁箍筋或主筋上，吊点顶部采用钢管架立，确保浇筑混凝土时整个吊点稳定。钢筋的定位实物图如图 3-71 所示。

图 3-71 吊环安装实物图

3. 预应力波纹管安装

为保证预应力波纹管位置正确，避免浇筑混凝土时上浮，在波纹管线型改变的位置焊接垂直于波纹管线型平面的定位钢筋，并将波纹管用扎带绑在定位钢筋上，确保定位钢筋在直线段的间距不大于 1m，在曲线段的间距不大于 0.5m，预应力管道的位置偏差不大于 5mm。

波纹管两端，分别放置在位于端模预留的孔口内，设计端模预留孔如图 3-72 所示。

在盖梁内部，通过已预留的钢筋定位筋，将灌浆套筒进行绑扎定位，效果如图 3-73 所示。

图 3-72 端模实物图　　图 3-73 安装成型波纹管实物图

3.2.4 预制混凝土盖梁生产施工工艺研究

为了确保预制混凝土盖梁产品质量,根据预制混凝土盖梁工艺特点,制定图3-74的工艺流程。

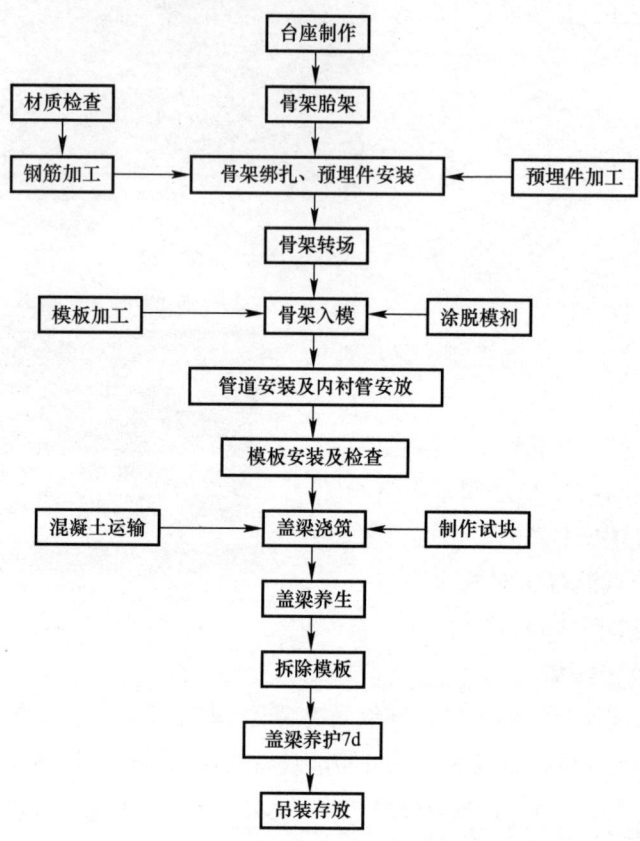

图 3-74 预制混凝土盖梁生产工艺流程图

设计预制混凝土盖梁标准长度23.4m,分两节预制,中间预留后浇带1m,预制盖梁单个长10.7m,宽度2.0m和2.2m,高度2.48m,盖梁在工厂内预制。盖梁混凝土采用高性能混凝土,等级为C50。

预制混凝土盖梁顶面及底面主筋采用HRB400的Φ28钢筋,侧面主筋采用HRB400的Φ20钢筋,箍筋及拉钩采用HRB400的Φ12~Φ18钢筋,套筒内钢筋采用HRB400的Φ32钢筋。盖梁拼装采用全灌浆套筒连接形式,套筒与盖梁顶伸出连接插筋相接。

预制混凝土盖梁底套筒连接盖梁顶预留插筋。盖梁现场安装完毕后,进行垂直度及相对位置调节,调节后拼接面铺设2cm厚60MPa砂浆垫层,最后对套筒进行100MPa砂浆压浆作业,完成整个拼装工艺。

1. 盖梁钢筋安装

整个盖梁钢筋笼自钢筋加工完毕后,完全在胎架上完成加工绑扎。整个过程边加工边测量,确保每一步加工的精度得到控制(图3-75、图3-76)。

第3章 装配式市政桥梁预制混凝土构件制作

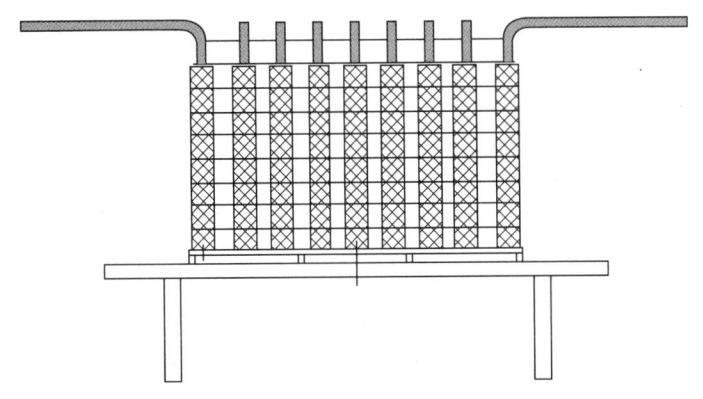

图 3-75 套筒安装示意图

步骤1：先在底模上制作套筒模块，包括套筒、主筋及箍筋全部制作完成。

步骤2：在底模上安装端部预应力张拉槽口，采用组合式整体钢模板，确保定位精确，钢筋安装之前先把锚垫板安装到位。

步骤3：在胎架上依次安装预制部分顶部和底部主筋、侧面主筋。

步骤4：安装波纹管，从端部张拉槽口穿入，并用短钢筋定位，用塑料扎带固定。

步骤5：安装支座垫块，支座垫块在预制厂随盖梁一并浇筑完成。

图 3-76 现场钢筋绑扎图

步骤6：其他辅助装置安装，包括套筒止浆塞、盖梁吊点、保护层垫块、防雷接地板、局部加强措施的安装。

2. 盖梁大体积混凝土浇筑

盖梁浇筑前准备好盖梁浇筑施工中所需的各种原材料、模板和其他周转材料，施工机械设备及混凝土试模在施工前准备齐全。检查模板接缝处的密封情况，缝隙和空洞也应堵塞，模板内的垃圾、木屑、泥土及粘在木板上的杂物（包括混凝土屑）必须清除干净。准备工作就绪后通知拌合站拌和混凝土，派专人值班按规定频率检查混凝土的坍落度以及和易性，并随时与前场保持联系，确保混凝土浇筑顺利进行。

预制盖梁采用等级为C50的清水混凝土，采用卧式浇筑工艺，混凝土一次性浇筑完成。C50混凝土为商品混凝土。

预制工厂内浇筑盖梁混凝土，通过混凝土搅拌车进行运输，在场内采用专用吊斗进行立式浇捣。人员上下采用专用梯笼或者专用升降车。

浇筑混凝土前，在钢模板外表面中心处设置沉降观测点，同时不间断检查模板底座及侧面合模处是否存在漏浆情况，浇筑现场配备槽钢、木方、顶托及相应的紧固配件，接通冲水水管，如果出现爆模迹象，立即停止振捣和浇筑，进行加固处理，确保浇筑过程的安全和施工质量。

盖梁浇筑时，首先从盖梁的一端（起始端）向另一端（结束端）连续浇筑方式，在达到盖梁底部的预制浇筑限位后，再返回起始端处逐步浇筑端头挡块。

混凝土振捣时，在盖梁的两侧区域内每侧各设立两条振捣棒，振捣时，班组要对盖梁的底部、套筒周边区域、钢筋密集区域、钢笼侧面边角处，进行多点布棒加强振捣，确保该区域内混凝土质量密实。采用50型振捣棒每个浇筑面上，布棒间距不超过50cm，每边振捣点2个交替错位向前振捣，每个点布料、振捣时间不小于1min。（浇筑结束时混凝土略有溢浆现象，应做好及时补料和表层收浆工作。）

在施工时，由班组长负责观测混凝土入模情况，并混凝土性能作出初步判定，以便及时反馈给现场的试验人员。

在两侧浇筑区达到收水面时，各安排一名收水工及时进行收水工作。收水后，应严格控制横向平整度、满足纵向水平坡度。

在盖梁两侧浇筑区达到浇筑限位后，一段时间后待混凝土满足要求时，再进行后浇端头挡块。浇筑时应增加振捣点数，并确保插入振捣的深度，保证上下接合处的混凝土充分振捣密实。收水时确保浇筑挡块的高度、水平度。

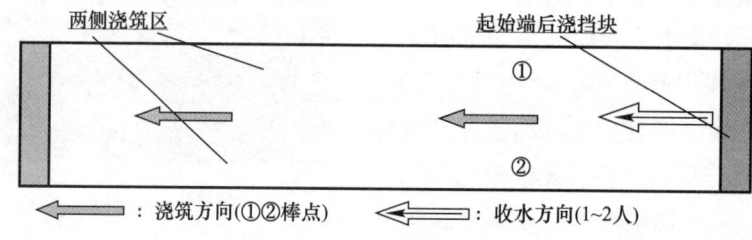

图3-77　盖梁浇筑、收水俯视图

3. 大体积盖梁养护措施

盖梁自最后一方混凝土浇筑结束后，一般在混凝土强度达到2.5MPa时方可拆侧模。模板拆除后，应及时对盖梁混凝土进行喷淋养护工作，由班组长负责混凝土后期养护工作。构件养护采用水管直接喷淋养护，根据天气情况，确保每2h不少于一次喷淋养护。高温天气（38℃以上），必须采取土工布润湿覆盖措施，确保每1h不少于一次喷淋养护（图3-79）。

图3-78　现场预制盖梁浇筑图　　　图3-79　预制盖梁养护图

3.3 预制混凝土桥面板生产

3.3.1 预制-现浇混凝土桥面板整体收缩性研究

预制桥面板的按照尺寸规格共分 A、B、C 三种型号规格尺寸，边梁预制 A 型桥面板宽高为 1700mm×30mm，共 350 块；预制 B 型桥面板宽高为 1800mm×30mm，共 1400 块；中间预制 C 型桥面板宽高为 1800mm×30mm，共 175 块。预制桥面板构件共 1925 块，预制桥面板与现浇桥面板的平面面积比约为 1∶2.15。

由于预制混凝土桥面板与现浇桥面存在混凝土龄期不一致，容易导致预制混凝土桥面板与现浇桥面的混凝土收缩阶段不一致从而产生裂缝。即现浇桥面处于塑性收缩阶段（即混凝土终凝前水化反应激烈，分子链逐渐形成，出现的体积减缩现象）和自生收缩阶段，而预制桥面已经处于干燥收缩阶段，两者所处的阶段不一致，其收缩程度也不一样，容易在接缝处出现裂缝，降低施工质量。

为了解决这个问题，对混凝土的收缩性进行研究。

1. 预制混凝土桥面板收缩性研究

市政混凝土桥面板的收缩主要分为：塑性收缩、化学收缩、自生收缩和干燥收缩。

（1）塑性收缩

混凝土在浇筑后 3~12h 左右，水泥水化反应激烈，分子链逐渐形成，出现泌水和水分急剧蒸发现象，引起失水收缩变形，此时骨料与胶合料之间也产生不均匀的沉缩变形，因此收缩过程都发生在混凝土终凝前，即混凝土仍处于塑性阶段，故称为塑性收缩。混凝土表面的塑性收缩受凝结时间、环境温度、相对湿度、混凝土温度及水灰比等因素影响，塑性收缩的大小约为水泥绝对体积的 1%。塑性收缩发生时，混凝土接近凝固状态，已具有一定的强度和刚度，此时如果发生收缩，混凝土会因约束产生拉应力，促使结构物出现开裂，影响硬化后混凝土结构的使用性能。

（2）化学收缩

水泥水化后，固相体积增加，但水化前水泥和水的绝对体积之和却有所减少的现象，即为化学收缩（或水化收缩）。所有的胶凝材料水化后都有这种减缩作用，这是由于水化反应前后胶凝材料的平均密度不同造成的。

（3）自生收缩

混凝土成型后，水泥水化耗掉混凝土内部的有效水分，从而造成其内部湿度降低，在自干燥的过程中，毛细孔中弯液面的曲率半径减小，同时由于气相相对湿度的减小导致了液相表面张力的提高和拆开压力的减小，在上述因素的综合作用下，整个混凝土受到压缩，从而导致了混凝土宏观体积的收缩称为自收缩，自收缩通常伴随水泥水化的进行而发生，即一旦混凝土成型便开始进行，又因早期水化充分，所以自收缩绝大部分发生在混凝土成型后的最初几天，尤其是混凝土成型后一天内。

(4) 干燥收缩

混凝土在不饱和空气中因失去内部毛细孔和凝胶孔的吸附水而引起的不可逆收缩，即为干燥收缩。这种不可逆收缩的产生是因为孔径分布的变化、C-S-H 粒子间粘结的变化以及 C-S-H 中水分布的变化，进而导致密实过程中 C-S-H 粒子产生永久的重新排列。严格意义上讲，干燥收缩应为混凝土在干燥条件下实测的变形扣除相同温度下密封试件的自收缩。

由于预制混凝土构件均在预制混凝土构件厂进行养护存放后才运输至现场安装并浇筑接缝，因此预制混凝土构件的混凝土在接缝浇筑养护期间的收缩性主要为干燥收缩，即干缩。

对混凝土的收缩、龄期及其他条件进行了调查，结果如图 3-80 所示。

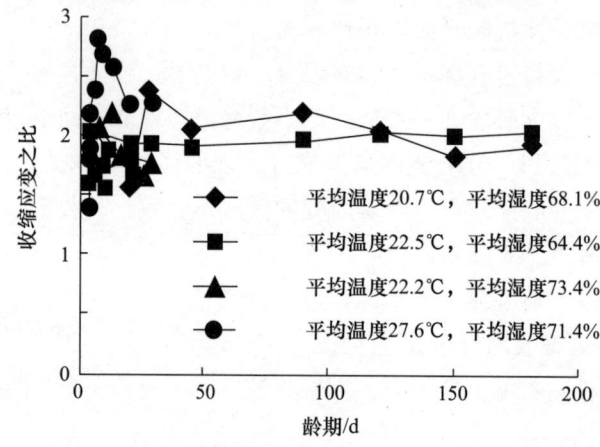

图 3-80　不同温度和湿度条件下混凝土收缩应变与龄期的关系曲线图

通过上图发现即使养护和存放的温度和湿度不一样，但是混凝土在龄期 180d 之后的收缩应变之比达到稳定（图 3-81）。

原设计水灰比为 0.34，通过与上述关系曲线图的对比可知，混凝土在龄期 180d 之后的干缩已经接近终值，即 180d 之后的进一步干缩将非常非常的小，可以看作为不再进一步干缩（图 3-82）。

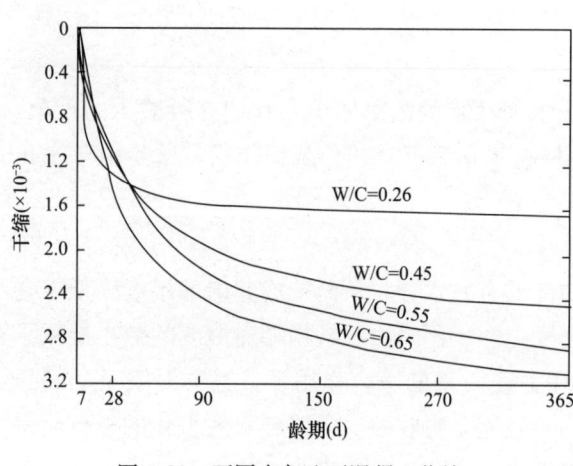

图 3-81　不同水灰比下混凝土收缩应变与龄期的关系曲线图

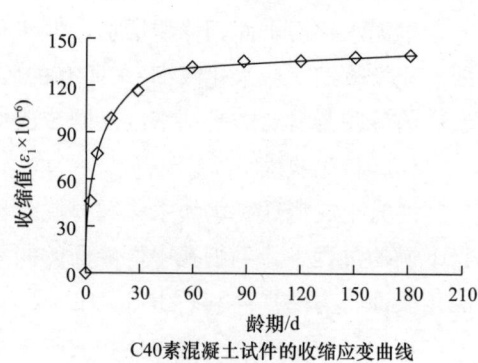

图 3-82　C40 混凝土收缩值与龄期的关系曲线图

设计采用 C50 混凝土,通过与上述 C40 混凝土收缩收缩值与龄期的关系曲线进行比较,可以推出在龄期 180d 之后混凝土的收缩值趋近于极限值,即 C50 混凝土在龄期为 180d 后收缩性将趋近于 0,即接近不收缩(图 3-83)。

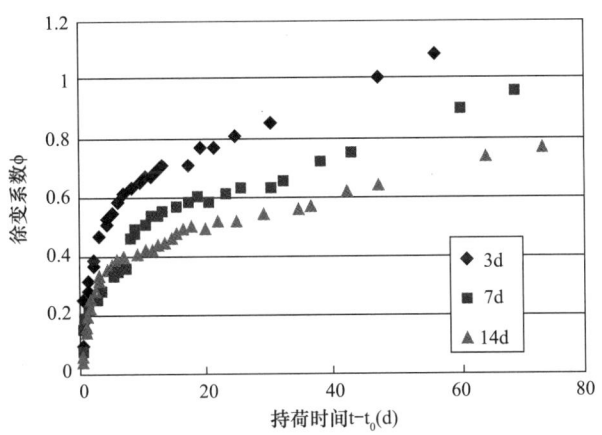

图 3-83 C60 混凝土加载龄期对徐变的影响图

通过图 3-83 可以推断出,在较小的龄期内,混凝土的加载龄期越小,混凝土的早期徐变的发展程度越快。随着持荷时间的增长,混凝土的徐变变形也在不断增加,但增加的速率不断减小。

通过对上述调查研究结果进行研究,预制混凝土桥面板构件在自然条件下洒水养护后,在存放区存放至龄期 180d(6 个月),使得混凝土收缩性趋于平稳后再运输至现场进行安装,从而减小预制混凝土桥面板安装后产生收缩裂缝的概率。

2. 对现浇桥面混凝土收缩性研究

现场湿接缝的现浇混凝土的收缩主要为混凝土刚浇筑后存在的塑性收缩、化学收缩和自生收缩,通过对 UEA 混凝土进行了调查和研究,结果如下:

UEA 是由铝酸或硫酸铝熟料加入明矾石、石膏,经研磨而成的高效合成膨胀剂,呈灰白色粉剂,比重为 $2185kg/m^3$。

UEA 在水化过程中形成的膨胀源——钙矾面结晶(G3A3CaS0432HO),可起到填充、堵塞混凝土结构中毛细孔隙的作用,使大孔变小,总孔隙率减少,经此原密实度大大提高,这就是 UEA 混凝土的防渗原理。通过高压水银测孔仪测定:掺入 UEA 的水泥总空隙率为 $0.11cm^3/g$,而水泥为 $0.21cm^3/g$,减少近 50%。从分布上来看,混凝土内部大孔减少,总空隙率下降,改善了混凝土结构。同时,UEA 具有减水作用,降低大体积混凝土配合比用水量。

掺加 UEA 的混凝土,在硬化过程中产生的膨胀作用,由于钢筋和邻位的约束,从而在结构内部产生了少量预压应力。在混凝土中用 UEA 以 10%~12% 等量取代水泥即可拌制成 UEA 补偿收缩混凝土。这使其产生的膨胀能转为的预压应力存储在结构中,用以抵消结构中产生的大部分乃至全部拉应力。这就是 UEA 混凝土的抗裂原理。工程实践证明,

UEA系列产品替代水泥量在8%~10%范围内,对强度影响不大,其膨胀率约(2~3)×10^{-4},在配筋率0.2%~0.8%下,可在结构中建立0.2~0.7MPa预压应力,这一压应力大致可以补偿混凝土在硬化过程中温差和干缩初期产生的拉应力,从而防止或把混凝土裂缝减小到无害裂缝范围内(小于0.1mm),并由于在膨胀过程中推迟了混凝土收缩发生的时间,混凝土抗拉强度得以进一步增长,当混凝土开始收缩时,其抗拉强度已大致可以抵抗收缩应力,从而提高该时期混凝土抗裂性能,达到延长伸缩间距,实现超长、超厚抗裂的自防水混凝土的连续施工(图3-84、图3-85)。

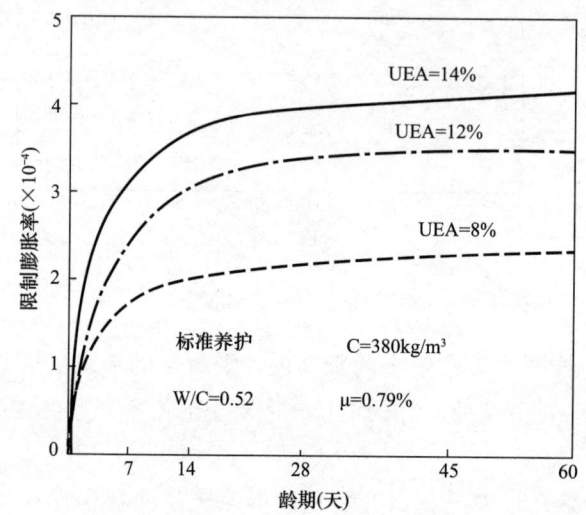

图3-84 不同UEA掺量限制膨胀率与龄期的关系曲线图

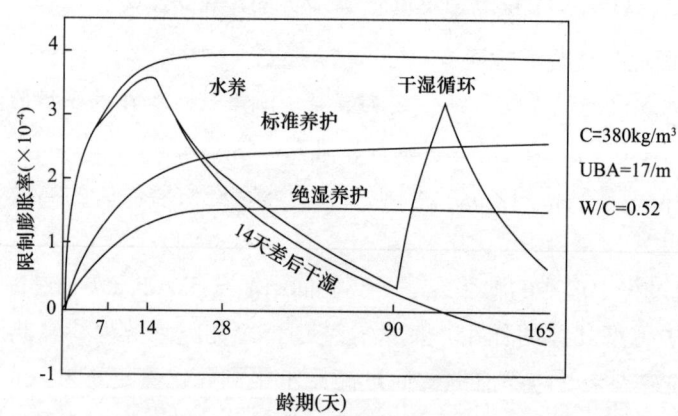

图3-85 不同养护条件下UEA混凝土限制膨胀率与龄期的关系曲线图

通过对上述调查研究结果进行讨论,决定采取接缝现浇部分混凝土采用无收缩C50混凝土(即UEA混凝土),严格控制UEA的产量及配合比,另外对接缝处的混凝土养护采取混凝土施工完毕后,即时覆盖塑料薄膜,锁住水分,减少水分的蒸发,从而减小现浇部分混凝土产生收缩裂缝的概率,并且加强了接缝处的抗渗性。

根据上述研究结果:采取预制混凝土桥面板养护存放180d(6个月)后吊装且现浇部

分采用严格控制配合比及加强养护的无收缩C50混凝土的措施,从而解决了预制混凝土桥面板与现浇桥面存在混凝土龄期不一致容易产生裂缝的问题,并加强接缝处的抗渗性能。

3.3.2 预制混凝土桥面板制作工艺研究

为了最大程度的节约成本及展现装配式的优势,对预制混凝土桥面板的构件规格进行详细划分为A、B和C型。对桥面板的制作进行了详细的研究,预制桥面板的制作施工工艺流程如图3-86所示。

(1) 桥面板台座打磨

根据预制桥面板的规格尺寸选择合适的台座并对台座的表面的混凝土和铁锈进行处理。

(2) 模板安装

模板采用装配式整体钢模板,龙门吊整体吊装就位。模板拼装过程中要认真检查,注意模板的上下顺序及子母口的正确位置,保证尺寸准确、接缝严密(图3-87)。

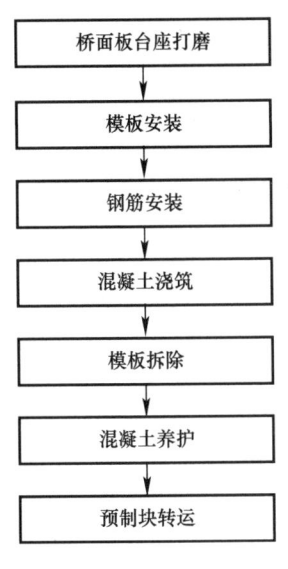

图3-86 预制混凝土桥面板制作流程图　　　　图3-87 模板实物图

模板安装前,对于钢模板必须打磨干净,用拖把或刷子将隔离剂均匀涂刷于内模上,同时在板的侧模和底模接缝处打上玻璃胶,涂抹隔离油的标准为看似无油实则有油(图3-88、图3-89)。

模板与钢筋安装工作要配合进行,妨碍钢筋绑扎的模板应待钢筋安装完毕后安设。

模板接缝处要粘贴海棉条,防止接缝漏浆,造成蜂窝和空洞(图3-90、图3-91)。

(3) 钢筋安装

为了提高钢筋网架的加工和安装效率,钢筋网架的制作采用区域集中统一制作的方式,集中区域统一开料、加工,然后将制作好的钢筋网架利用龙门吊一次放入模板台座处。

图 3-88 钢模板打磨清理施工图

图 3-89 隔离剂涂刷施工图

图 3-90 海棉条实物图

图 3-91 海棉条粘贴施工图

钢筋的表面应洁净、无损伤，使用前应将油渍、鳞锈等清除干净，带颗粒状或片状老锈的钢筋不得使用，钢筋应平直、无局部弯折。钢筋的形状、尺寸应按设计要求进行加工，加工后的钢筋，其表面不应有削弱钢筋截面的伤痕。

安装钢筋时必须严格控制钢筋的伸长长度及间距，确保钢筋的间距及后期搭接长度符合图纸的要求（图 3-92～图 3-96）。

图 3-92 钢筋网架制作图

图 3-93 测量钢筋网架尺寸图

 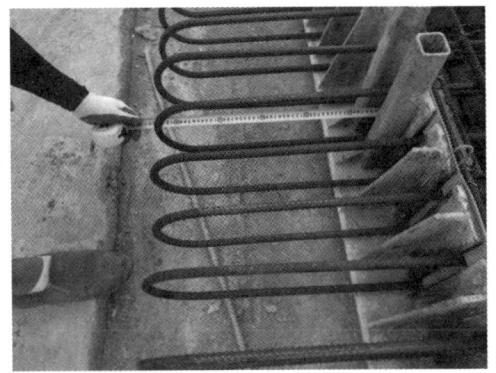

图 3-94 钢筋网架吊装定位图　　图 3-95 钢筋网架 U 预留筋长度测量图

（4）混凝土浇筑

混凝土浇筑采用 C50 混凝土，在混凝土原料的选择、配合比、拌制上应严格按照要求执行，在浇筑前，进行混凝土性能检测，留置混凝土试件。

浇筑由中间向四周浇捣，振动时避免振动棒直接接触钢筋，否则容易造成骨材离析。混凝土振捣延续时间以出现良好的密实度表面泛浆、气泡消失为准（图 3-97）。

图 3-96 钢筋网架 U 预留筋间距测量图

（5）混凝土养护

混凝土浇筑完毕后，用土工布或塑料布覆盖，并在混凝土初凝后立即洒水养护。进行混凝土强度质量评定时，以边长为 150mm 的立方体标准试件测定。试件以同龄期者三块为一组，并以混凝土构件同期养护条件进行养护（图 3-98）。

图 3-97 混凝土现场浇捣图　　图 3-98 预制混凝土桥面板现场晒水养护图

（6）预制块转运

桥面板混凝土强度达到设计吊装要求后，采用龙门吊进行吊运至预制场桥面板存放区，并在每块板上做好板型（A、B或C型）、生产日期标识，以利于拼装使用。存放至混凝土龄期为180d（6个月），如图3-99所示。

图3-99 预制混凝土桥面板现场存放图

第4章 装配式市政桥梁施工方法研究

4.1 预制混凝土墩柱安装

预制混凝土墩柱采用GTZQ4-32全灌浆套筒连接承台及盖梁的拼装形式，墩柱柱底布置套筒，柱顶伸出盖梁连接插筋。墩柱连接工艺：墩柱柱底套筒连接承台预留插筋，墩柱柱顶预留插筋连接盖梁底套筒。墩柱现场安装完毕后，进行垂直度及相对位置调节，调节后拼接面铺设2cm厚60MPa砂浆垫层，最后对套筒进行砂浆压浆作业，完成整个拼装工艺。

4.1.1 重型预制混凝土墩柱平放-立放翻身措施研究

重型预制墩柱运输、堆放时处于平放状态，在吊装时需立起，因此有一个翻身的过程。在翻身过程中，若控制不好，容易造成预制柱崩角、破损、开裂等质量问题，严重的甚至由于晃动过大给起重设备带来损坏引起安全事故。

本章研究主要在吊点、吊具、钢丝绳及卸扣的计算和选择，在保证安全的前提下加快重型预制墩柱翻身的速度，提高效率。

1. 吊点的形式

墩柱吊装吊耳为双点预制吊环，吊耳布置于柱顶，吊耳间距1054mm。立柱采用预埋钢绞线吊点进行吊装作业，钢绞线采用$\varphi_s 15.2$mm，钢绞线埋深1000mm，表面伸出长度为250mm，预埋的最底部采用锚板、带丝镀锌钢管、加厚螺母及P锚挤压套头的形式加强。吊点处的钢绞线采用DN20×2mm镀锌管包裹加强钢绞线吊点的局部抗剪能力，铁管长度为600mm，形状为R80的圆弧（图4-1）。

2. 吊点的计算

通过吊点试验，得到每股钢绞线吊力结果如下：

（1）竖直起吊

钢绞线预埋深度0.8m的吊力，受力为400kN时断裂。

钢绞线预埋深度1.0m的吊力，受力为450kN时断裂。

钢绞线预埋深度1.5m的吊力，受力为350kN时断裂。

（2）翻转起吊

钢绞线预埋深度0.8m的吊力，受力为250kN时断裂。

钢绞线预埋深度 1.0m 的吊力，受力为 300kN 时断裂。
钢绞线预埋深度 1.5m 的吊力，受力为 260kN 时断裂。

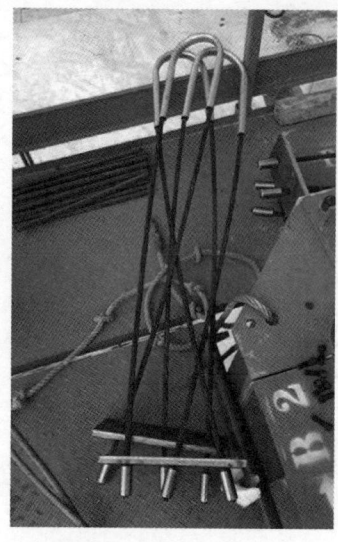

图 4-1 钢绞线吊点的样式图

3. 吊点控制方法

为了保证钢绞线吊环能同时受力，采取以下措施控制：

（1）严格控制吊筋下料和制作的精度。

（2）预埋钢绞线吊筋时，对钢绞线进行预张拉，保证每根钢绞线具有等同的初应力（图 4-2）：

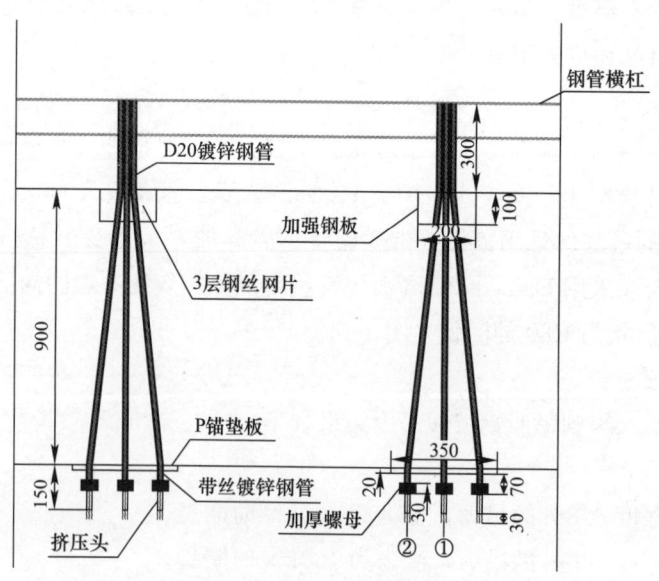

图 4-2 钢绞线预埋形式图

1）P 锚钢板下方的孔处相应位置焊接 3 个 6cm 长的带丝镀锌钢管，镀锌钢管上拧上 3cm 长的加厚螺母。

2)预埋时穿上施加力的钢管,让预埋筋处于受力状态,固定 P 锚钢板,减少误差。

3)再用力矩扳手对每个加厚螺母施加 50kN·m,使加厚螺母再次顶死挤压头,让钢绞线处于受力状态。

(3)钢绞线吊环位置外套镀锌钢管,加强钢绞线吊点位置抗剪能力。

(4)保证预埋完后的精度、深度、长度和外露高度一致。

4. 钢丝绳及卸扣的选择

墩柱最大重量为 82t,卸扣采用 2 个 50t 的。

钢丝绳选择采用 $6 \times 37 + 1\phi 47.5 - 155$ 的钢丝绳,直径 $\phi 47.5$,该钢丝绳总拉力为 1305kN。墩柱设有两个吊点,每个吊点用两根相同长度的钢丝绳。

$82 \times 10/4 = 205$kN,$1305/205 = 6.37$;符合《公路工程施工安全技术规范》JTG F90—2015 表 8.1.1 用于吊装钢丝绳安全系数不小于 6 的规定。

6×37 钢丝绳的主要数据　　　　　　表 A.0.1-2

直径		钢丝总截面积	线质量	钢丝绳容许拉应力 $[F_g]/A$　(N/mm²)				
钢丝绳	钢丝			1400	1550	1700	1850	2000
(mm)		(mm²)	(kg/100m)	钢丝破断拉力总和 不小于　(kN)				
8.7	0.4	27.88	26.21	39.0	43.2	47.3	51.5	55.7
11.0	0.5	43.57	40.96	60.9	67.5	74.0	80.6	87.1
13.0	0.6	62.74	58.98	87.8	97.2	106.5	116.0	125.0
15.0	0.7	85.39	80.57	119.5	132.0	145.0	157.5	170.5
17.5	0.8	111.53	104.8	156.0	172.5	189.5	206.0	223.0
19.5	0.9	141.16	132.7	197.5	213.5	239.5	261.0	282.0
21.5	1.0	174.27	163.3	243.5	270.0	296.0	322.0	348.5
24.0	1.1	210.87	198.2	295.0	326.5	358.0	390.0	421.5
26.0	1.2	250.95	235.9	351.0	388.5	426.5	464.0	501.5
28.0	1.3	294.52	276.8	412.0	456.5	500.5	544.5	589.0
30.0	1.4	341.57	321.1	478.0	529.0	580.5	631.5	683.0
32.5	1.5	392.11	368.6	548.5	607.5	666.5	725.0	784.0
34.5	1.6	446.13	419.4	624.5	691.5	758.0	825.0	892.0
36.5	1.7	503.64	473.4	705.0	780.5	856.0	931.5	1005.0
39.0	1.8	564.63	530.8	790.0	875.0	959.5	1040.0	1125.0
43.0	2.0	697.08	655.3	975.5	1080.0	1185.0	1285.0	1390.0
47.5	2.2	843.47	792.9	1180.0	1305.0	1430.0	1560.0	
52.0	2.4	1003.80	743.6	1405.0	1555.0	1705.0	1855.0	
56.0	2.6	1178.07	1107.4	1645.0	1825.0	2000.0	2175.0	
60.5	2.8	1366.28	1234.3	1910.0	2115.0	2320.0	2525.0	
65.0	3.0	1568.43	1474.3	2195.0	2430.0	2665.0	2900.0	

5. 辅助设备的安装

钢绞线吊点安装控制的关键点在于严格控制两吊点间距（1054mm）、伸出长度。为此研制了专用的辅助件（图4-3），保证了吊点间距及伸出长度，防止立柱转体翻身时，吊点钢绞线损伤立柱顶面混凝土，并且提高吊运过程中的稳定性（图4-4）。

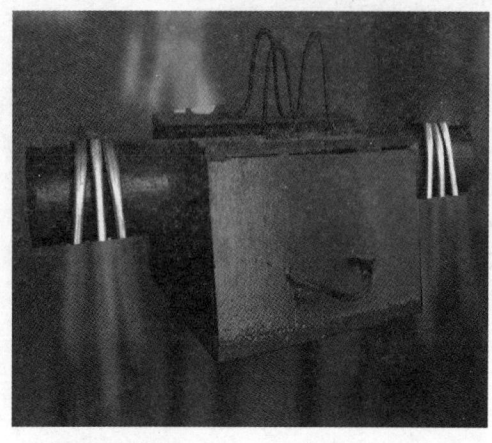 

图4-3 专用辅助件

6. 墩柱的翻转

预制墩柱最大高度为10m，最大重量约为82t。有一台300t的汽车吊用于预制混凝土构件的转运。

墩柱预制完成后，采用300t履带吊将其翻转至平放。墩柱顶部设有两个吊点，利用履带吊和辅助吊具将其吊放至柔性物质上方，慢慢将其翻转至平放（图4-5～图4-8）。

图4-4 辅助设备的安装图　　图4-5 预制墩柱平躺卸车

预制墩柱最大起重重量为82t，墩柱起重荷载公式 $Q_j = K_1 \times K_2 \times Q$；$Q$ 为吊运物和吊索的重量，动荷载系数 K_1 为1.1，不均衡荷载系数 K_2 为1.1～1.2。K_2 取最大值1.2，计算得：

$Q_j = 1.1 \times 1.2 \times (82+2) = 110.88$，吊装时作业半径为7m，臂长20.2m，查得：$Q_j = 110.88 < 114$，符合要求。

第4章 装配式市政桥梁施工方法研究

图 4-6 采用两根 1000kN 涤纶柔性吊装带穿过柱身

图 4-7 墩柱现场平放翻转至竖直示意图

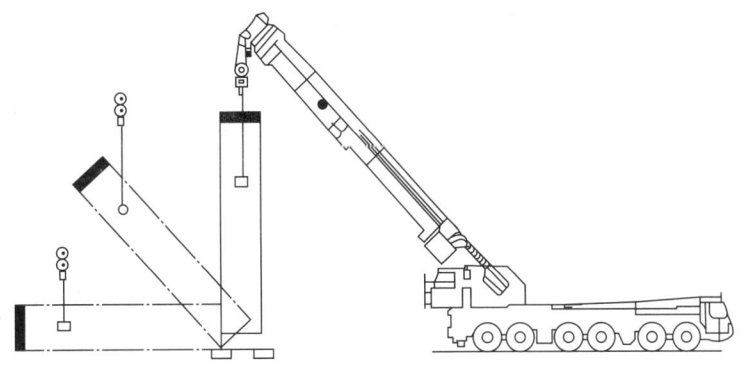

图 4-8 墩柱翻转示意图

预制墩柱翻转计算，翻转起吊时，

$F \times L = G \times 1/2L \times \cos(a)$ ($a=0°\sim 90°$)，$F = 1/2G \times \cos(a)$，当 $a=0°$ 时，F 最大；$F = 1/2 \times (82+2) \times 1 = 42t$，$Q_j = 1.1 \times 1.2 \times 42 = 55.44$；查表半径 10m，臂长的 25.4m 的值，$Q_j = 55.44 < 81$，符合要求。

墩柱起重荷载公式 $Q_j = K_1 \times K_2 \times Q$；$Q$ 为吊物和吊索的重量，动荷载系数 K_1 为 1.1，不均衡荷载系数 K_2 为 1.1~1.2。K_2 取最大值 1.2，计算得：$Q_j = 1.1 \times 1.2 \times (82+2) = 110.88$；墩柱现场卸车作业半径为 7m，翻转作业半径为 10m（起吊时），翻转后起重作业半径为 7m，墩柱安装作业半径为 7m，臂长 20.2m；查得，作业半径 7m，臂长 20.2m 的值，110.88<114，符合要求。

翻转起吊时，$F \times L = G \times 1/2L \times \cos(a)$ ($a=0°\sim 90°$)，$F = 1/2G \times \cos(a)$，当 $a=0°$ 时，F 最大；$F = 1/2 \times (82+2) \times 1 = 42t$，$Q_j = 1.1 \times 1.2 \times 42 = 55.44$；查表半径 10m，臂长的 25.4m 的值，$Q_j = 55.44 < 81$，符合要求。

7. 安放调节块及高程复测

在已处理过的承台中心位置安放调节块，调节块平面尺寸 20cm×20cm；然后对承台中心点高程进行复测，根据复测结果计算调节块的高度，调节块采用钢板，高程允许偏差 ±2mm（图 4-9）。

4.1.2 重型预制混凝土墩柱底部坐浆、套筒灌浆施工技术研究

1. 重型预制墩柱底部坐浆工艺

（1）坐浆材料

预制墩身与承台之间，墩身与盖梁之间需铺设 20mm 厚的砂浆垫层，采用高强无收缩砂浆，28d 抗压强度应不少于 60MPa 且高出被连接构件强度等级的一个等级（7MPa），28d 竖向膨胀率应控制在 0.02%～0.10%。砂浆垫层宜选用质地坚硬、级配良好的中砂，细度模数应不小于 2.6，含泥量不大 1%，且不应有泥块存在。砂浆垫层初凝时间大于 2h。配合比为干料：水＝100：17～18，一般取 17.5。拌浆设备采用立轴行星式搅拌机或自制搅拌机，搅拌时间为 3min。

高强无收缩砂浆垫层质量标准应符合《预制拼装桥墩技术规程》DG/T J08-2160-2015 的规定（图 4-10）。

图 4-9　预制墩柱拼装

图 4-10　砂浆搅拌及设备图

(2) 安装调节垫块

安放调节垫块，调整墩柱安装标高。调节垫块采用多块厚度为 3mm、5mm、8mm、10mm、20mm 的 300mm×300mm 的钢板，测量承台标高，结合预制墩柱的实际高度进行调整底部钢板厚度（图 4-11）。

(3) 结合面表面处理

为增加墩柱与承台结合面的粘结力，在墩柱转运装车前应对墩柱底部以及墩柱顶面进行凿毛处理。凿毛要求露出混凝土粗骨料为止，凿毛后应用清水冲洗干净（图 4-12）。

图 4-11 调节垫块安装现场图

图 4-12 墩柱底面与顶面凿毛现场图

图 4-13 挡浆板制作图

(4) 安装挡浆板

在承台面上弹出墩柱边线，据此安装挡浆板。挡浆板采用 5cm 槽钢制作，各边比墩柱尺寸大 6cm。挡浆板与承台接触面采用双面胶止浆（图 4-13）。

砂浆料搅拌完成后，将搅拌桶直接倾倒于承台凿毛面，用铁板刮平垫层砂浆。铺浆完成后，在每根承台预留钢筋上套上止浆垫，止浆垫略高于浆液面，且与中间的调节块顶面平齐（图 4-14）。

2. 灌浆套筒灌浆施工工艺

预制墩柱与承台采用灌浆套筒连接的预制拼装施工工艺。由于预制拼装工艺对于构件精度的要求严格，预制立柱钢筋笼及套筒的安装精度严格控制在 ±2mm 范围之内。

墩柱连接工艺：墩柱柱底套筒连接承台预留插筋，墩柱柱顶预留插筋连接盖梁底套筒。墩柱现场安装完毕后，进行垂直度及相对位置调节，调节后拼接面铺设 2cm 厚 60MPa 砂浆垫层，最后对套筒进行砂浆压浆作业，完成整个拼装工艺。

图 4-14 坐浆工艺步骤图

灌浆连接套筒采用高强球墨铸铁制作,按钢筋连接方式制作成整体灌浆连接型。整体灌浆连接型套筒一端为预制安装端,另一端为现场拼装端,套筒中间应设置钢筋限位挡板;预制安装端及现场拼装端长度均不小于设计值,套筒下端应设置压浆口,套筒上端应设置出浆口,压浆口与端部净距应大于 2cm;套筒制作允许误差为 −1、+2mm。预制墩柱与承台、盖梁之间采用钢筋连接套筒连接,钢筋伸入长度不小于 $10d$(d 为钢筋直径),如图 4-15 所示。

灌浆连接套筒与高强无收缩水泥灌浆料组合体系性能应经过国家专门部门试验检测,并出具相应形式的试验合格报告。保证灌浆连接套筒相关的附属配件合格,如止浆塞、压浆管、出浆管、定位销等。灌浆连接套筒在存放和运输过程中，应取防护措施，防止污染、生锈、损伤。

3. 灌浆套筒的定位系统

为保证套筒安装精度，墩柱钢筋笼胎架尾部的套筒定位板采用套筒固定端结合墩柱底模的形式，其既起套筒定位的作用，同时又是之后浇筑过程中墩柱的底模板。在钢筋笼吊装入模板的时候是不拆卸的，同时吊装入模。

图 4-15 灌浆套筒构件图

一整套定位系统有两块定位框和两个定位板。一个定位框架用于立柱主筋顶端定位，另一个定位框架用于承台预埋连接钢筋定位。定位板和定位框架必须在同一个钢模板厂内生产，并且同时进行，确保两块定位板和两个定位框架预留孔洞意义对应，丝毫无差（图 4-16）。

图 4-16 墩柱定位系统样式图

定位框架每个预留孔处设置一个可调式螺杆，利用螺杆的进出对预埋钢筋偏差进行微调，以保证预埋钢筋位置偏差 2mm 以内。一个定位板用于套筒底端定位用，另一个定位板用于盖梁预制套筒底端定位，如图 4-17、图 4-18 所示。

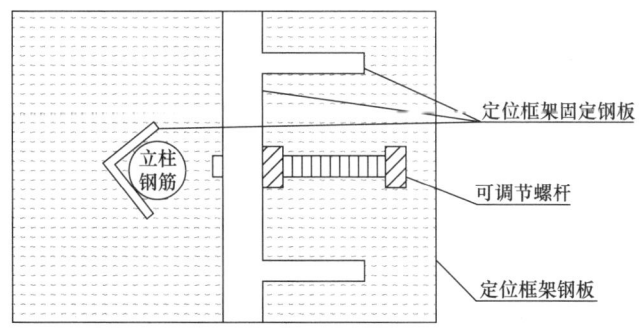

图 4-17 可调式螺杆设置图（一）

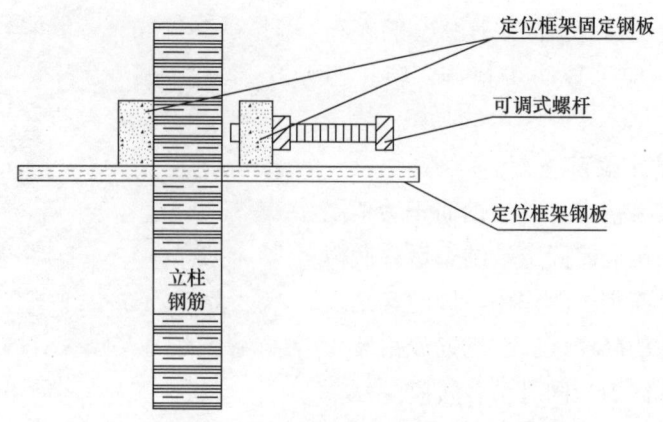

图 4-17 可调式螺杆设置图（二）

图 4-18 可调式螺杆现场布置图

4. 灌浆套筒安装

(1) 密封柱塞安装

在端模模板上精确定位出套筒的安装位置，把密封柱塞安装于端模模板上（图 4-19）。

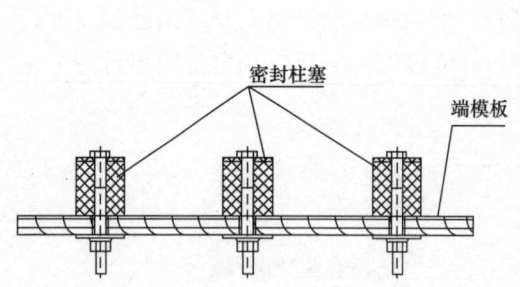 

图 4-19 密封柱塞安装布置图

(2) 套筒安装

把套筒装配端（大孔口端）套入密封柱塞至套筒端面贴紧端模板，用工具（如扳手）拧紧端模板外面的螺母，橡胶柱塞在螺栓拉力作用外向外膨胀使得橡胶柱塞与套筒内壁紧密贴合，实现对套筒的定位密封。安装时注意两端侧面的螺纹孔口应向外垂直于构件端面，以方便灌浆管与出浆管与其连接（图 4-20）。

第4章 装配式市政桥梁施工方法研究

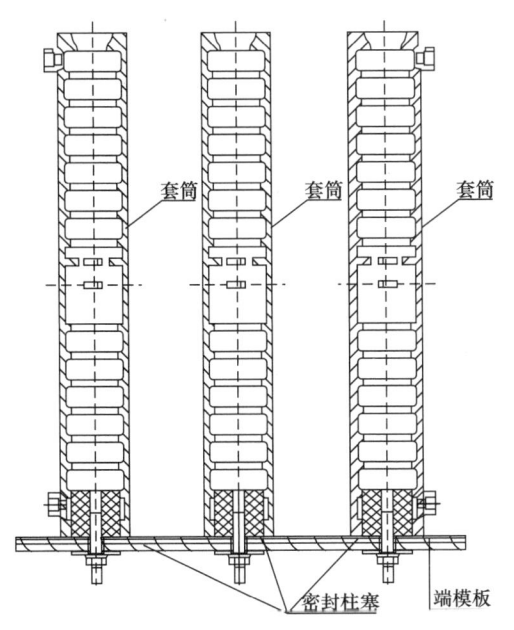

图 4-20 套筒安装示意图

（3）预埋端钢筋安装

把密封环套入钢筋至离钢筋端头距离大于 1/2 套筒长度，把钢筋插入套筒直至套筒中部的定位肋，用工具把密封环塞入套筒端口，为保证密封可靠，需加涂密封胶或填缝剂等密封材料（图 4-21）。

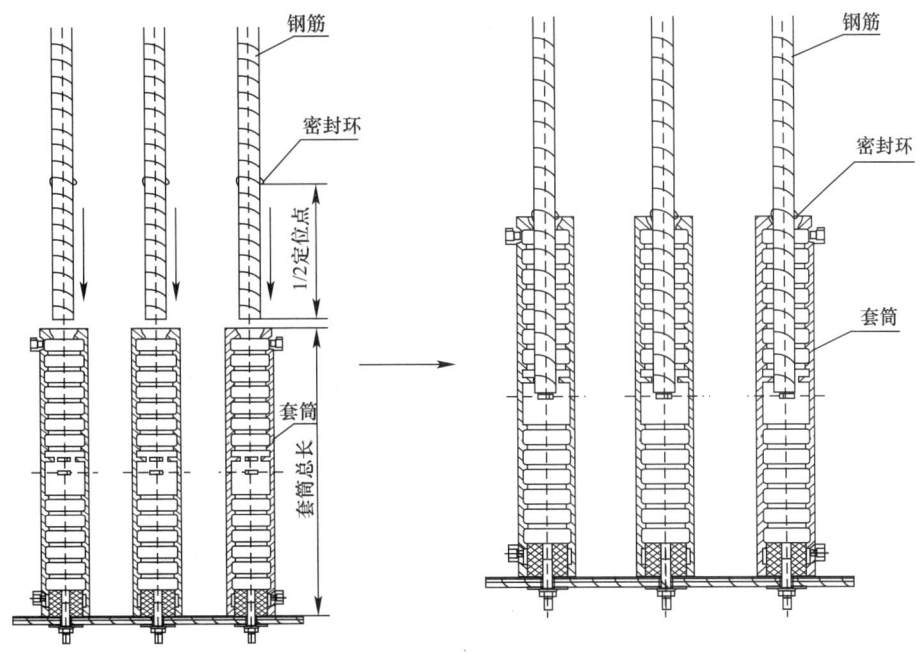

图 4-21 密封环操作示意图

(4) 管件安装

把灌浆管和出浆管拧紧在套筒两端侧面的螺纹孔内,保证连接牢固,密封可靠;管件的长度一般要求安装后,其端头与构件表面平齐,为保证混凝土浇筑时砂浆不进入管道,用管堵塞住管口;如管件要伸出构件表面(伸出侧模板外),伸出的孔口处也需进行密封处理;管件一般为硬管,在特殊情况下才用软管,但也需保证在浇筑时软管不扭绞或破坏,因为在灌浆发生堵塞的情况下,软管中的堵塞物是很难处理的(图4-22)。

将与灌浆套筒安装端与模板定型法兰紧密连接,防止混凝土浇筑时水泥浆流入。

将灌浆套筒分别套在模板定位法兰上,通过密封环使灌浆套筒底部端头与法兰之间实现完全密封,且灌浆套筒上的预留注浆孔完全朝向墩柱外侧,并用橡胶堵头塞住注浆孔(不得有漏浆隐患),待拼装墩柱模板时,能够使灌浆套筒上的预留注浆孔贴合在模板内壁上。

灌浆套筒放置完毕后,绑扎套筒外的加强箍筋,以固定灌浆套筒,使其稳固,钢筋采用绑扎形式严禁使用焊接。

将灌浆套筒配套的顶部密封环套在墩柱主筋上,将主筋插入灌浆套筒,通过灌浆套筒顶部的密封环使套筒顶部端头与墩柱主筋之间实现完全密封。

安装大样图如图4-23所示。

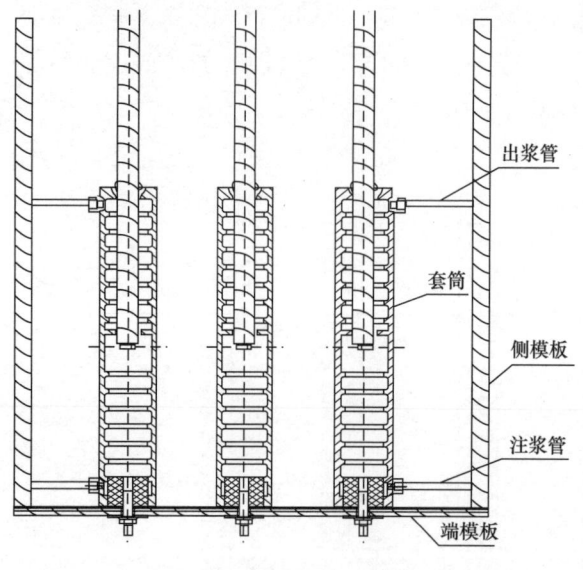

图4-22 管件安装示意图

图4-23 灌浆套筒安装样式图

(5) 灌浆套筒灌浆

灌浆施工工艺流程:灌浆料倒入搅拌设备→计算水量并精确称重→专用设备高速搅拌→浆料倒入储浆装置→浆料倒入灌浆设备并连接压浆口压浆→出浆口或端部出浆→持续出浆后停止压浆并塞入止浆塞→拼接下一个套筒压浆。

灌浆料技术指标必须满足表4-1。

第4章 装配式市政桥梁施工方法研究

灌浆料技术指标　　　　表 4-1

检测项目		性能指标
流动性	初始	≥300mm
	30min	≥260mm
抗压强度	1d	≥35MPa
	3d	≥60MPa
	28d	≥100MPa
竖向自由膨胀率	24h 与 3h 差值	0.02%～0.05%
泌水率		≤0.03%
氯离子含量		0.00%

当气温低于 5℃时，拼装时应对高强无收缩水泥灌浆料进行保温，灌浆料的温度应不小于 10℃且不大于 40℃；同时应对拌和所需的水进行加热，温度不小于 30℃且不大于 65℃；拌和灌浆料成品温度应不下于 10℃。

高强无收缩水泥灌浆料应在拼装前一天进行流动度测试及 1d 龄期抗压强度测试（图 4-24）。

图 4-24　水泥灌浆材料抗压强度测试图

为确保拼装时承台预埋钢筋能够顺利插入，不发生阻塞现象，应用高压水枪对套筒进行冲水，疏通清理套筒，再吹干套筒内的水渍。

灌浆施工应保持连续，如在灌浆过程中遇停电等突发状况时，现场应配备应急发电设备或高压水枪等清理措施。灌浆完成后及时清理残留在构件上的多余浆体。

墩柱拼装完成 12h 小时后，卸掉千斤顶，拆除型钢牛腿和挡浆模板。然后安装浆孔接头，在接头处安装出浆管必须高于预埋套筒在墩柱内的高度，以保证灌浆到位。

灌浆管及出浆管安装完成后，采用高压水枪用自来水冲洗灌浆、出浆管道。冲洗时，从灌浆孔灌水，从出浆孔溢出，对灌浆套筒进行冲洗。出浆管必须高于预埋套筒在墩柱内 20cm 高度，以保证灌浆到位（图 4-25）。

将灌浆机的管道接入灌浆口，开启灌浆机进行灌浆，下孔口为浆液入口，上孔口为浆液出口。当灌浆管连续排浆且与灌浆泵中浓度一致时，停止灌浆，并临时封闭灌浆口。当浆液强度达到设计强度后，用水泥浆封闭进、出浆孔口（图 4-26）。

图 4-25　灌浆施工图

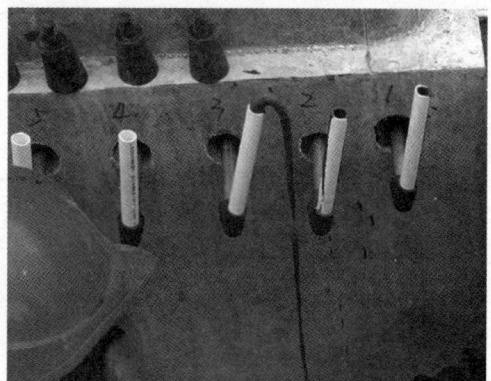

图 4-26　墩柱灌浆图

4.1.3　重型预制混凝土墩柱底部安装钢牛腿联合千斤顶安装调整技术研究

1. 墩柱成品处理

（1）承台预埋钢筋清理：用钢丝球对预埋钢筋表面进行除锈处理，然后拭擦钢筋表面。

（2）承台预埋钢筋检查：测量每根预埋钢筋的长度，以保证钢筋露出承台混凝土表面的长度偏差在（−5mm，0mm）以内，如果偏差过大，应使用手动砂轮切割打磨。

（3）为墩柱拼装的精度，根据设计图纸，用全站仪测出承台墩柱纵横向中心和墩柱四周沿线,并弹出墨线。纵横向中心墨线延伸至承台边,以便墩柱的拼装。

2. 施工方法

(1) 安放调节块及高程复测

在已处理过的承台中心位置安放调节块,调节块平面尺寸 20cm×20cm;然后对承台中心点高程进行复测,根据复测结果计算调节块的高度,调节块采用钢板,高程允许偏差±2mm。

(2) 挡浆模板和限位装置安装

承台表面墩柱四周边沿墨线 5cm 位置,安装挡浆模板,尺寸宽 15cm、厚 5cm。在挡浆模板每隔 1m 的位置,与承台对应处安装一个膨胀螺栓,挡浆模板与承台采用膨胀螺栓固定。膨胀螺栓位置应避开千斤顶的安放位置。

为了固定和微调墩柱拼装时墩柱底部的纵横向位置,控制墩柱底部偏位在 5mm 以内,应在下口四个倒角位置设置 L 形型钢限位板进行限位调整。限位板与承台采用膨胀螺栓连接,L 形型钢每边设置一个孔,调节螺杆穿过孔洞顶住钢板,钢板在拼装墩柱时与墩柱紧贴,利用螺杆进出来调整墩柱底部纵横向位置。

(3) 千斤顶设置及初步调整

为了调整墩柱拼装时柱顶的竖直度,在承台挡浆板四周各安放一个 50t 千斤顶。每个千斤顶安放的位置与牛腿对应。先测量型钢牛腿到墩柱地面的高差,然后利用其高差调节千斤顶顶面到承台面的高差。待两个高差一致后,利用水平仪调整 4 个千斤顶,调整到位后锁住千斤顶,垂直度校正误差为 1mm(图 4-27)。

(4) 墩柱试吊

图 4-27 千斤顶布置图

利用起重机将墩柱起吊离地后,慢慢旋转到承台中心位置,缓慢下放。当套筒靠近承台预埋钢筋位置时,稳住起重机,让套筒沿着预埋钢筋慢慢下放。

墩柱底部快靠近承台时,减缓墩柱下放速度,将起重机起重量卸至 200kN 后,停止卸力,开始进行墩柱位置的初步调整,如图 4-28 所示。

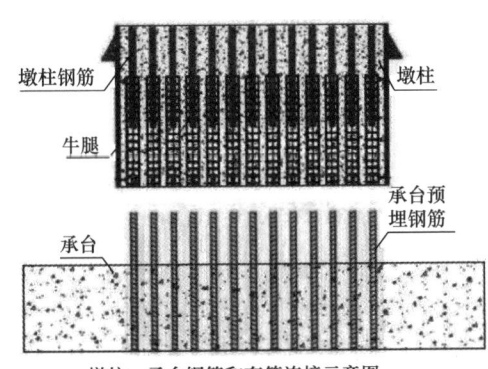

墩柱、承台钢筋和套筒连接示意图

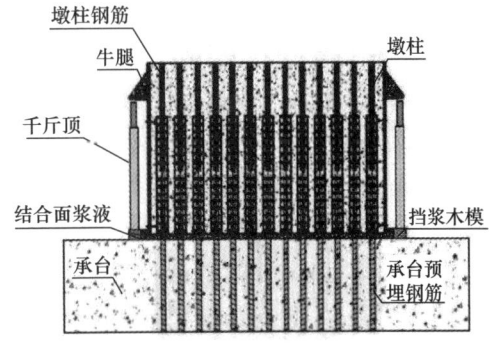

墩柱、承台结合面示意图

图 4-28 墩柱位置初步调整示意图

(5) 墩柱拼装的位置调整

调整墩柱底部位置

1) 墩柱底部横向调整，先利用已弹好的墨线观察墩柱中心线与承台中心线是否吻合。如果墩柱中心线偏向承台中心线左面，用扳手将左面限位框架的螺栓慢慢旋进，使墩柱向右推进，直到墩柱底部中心线与承台面中心线完全吻合，或者偏差值小于 2mm。

2) 使用同样的方法调整墩柱底部纵向调整，在墩柱底面纵横向调整到位，8 个螺杆确认全部锁定后，再进行墩柱顶面位置调整。

调整墩柱顶面位置

1) 先使用吊锤观看墩柱"十"字中心线是否与承台中心线吻合。如果墩柱中心线偏向承台中心线左面，则将右边千斤顶稍微放松或将右边千斤顶稍微上调。使墩柱中心线与承台中心线重合，或者偏差值小于 2mm，然后锁紧千斤顶。

2) 使用同样的方法锁紧其他几个千斤顶（图 4-29）。

图 4-29 墩柱位置调整现场图

(6) 墩柱正式拼装

当浆液铺设完成后，立即进行墩柱拼装。由于浆液凝固控制时间在 30min 内，所以墩柱拼装必须在 30min 内完成。

墩柱拼装方法同墩柱试吊相同，严格控制好墩柱的偏位以及垂直度。将墩柱的偏位控制好之后，锁紧限位框架和千斤顶。

锁紧限位框架和千斤顶后，松开吊钩，移开起重机，铲除挡浆木模处溢出的浆液，防止多余的浆液流入压浆孔，以免堵塞压浆压浆管道。

锁紧限位框架和千斤顶后，同时拉紧墩柱四周的四根缆风绳，缆风绳上面固定在墩柱吊环上，与墩柱接触位置放置柔性物质，下方锁紧承台预埋的拉钩。

(7) 拆除千斤顶

坐浆完成后，先对试块进行预压，强度达到 90% 后，先拆除外侧挡浆板，再拆除千斤顶和支撑牛腿，拆除后对灌浆套筒的灌浆孔进行检查和清理，确保套筒内无杂物（图 4-30）。

第 4 章 装配式市政桥梁施工方法研究

 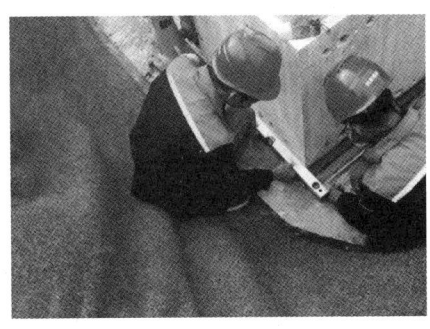

图 4-30 千斤顶拆除形式图

4.2 预制混凝土盖梁安装

4.2.1 大型预制混凝土盖梁可调节支撑平台系统研究

装配式预制盖梁构件能够较好地保证其设计精度及生产精度，但是安装过程中往往由于现场复杂环境导致存在人为操作误差，以影响后续构件的施工精度；特别是大型高精度构件，吊装过程中难以确保一步安装到位，并且调整难度较大。因此，我们在实施盖梁吊装的时候，同时采用可调节支撑平台。该支撑平台不仅为施工人员提供了一个稳定安全的作业平台，而且支撑体系立杆中安装的千斤顶楔块限位能使盖梁构件能快速定位（图 4-31）。

(a) (b)

(c)

图 4-31 大型预制盖梁可调节支撑平台系统

根据设计图纸预制盖梁距路线中心线端距墩柱边 2.1m，另外一端距墩柱边 7.3m。根据计算远离路线中心线端较重，导致盖梁拼装后整体不平衡（预制盖梁最大重量 130t），需要搭设临时支架。因此，根据现场工程特点设计了一套可调节校正的支撑体系及操作平台系统，盖梁临时支架采用混凝土基础，钢柱作为支撑，H45 型钢横梁，12 工字钢纵梁组成的梁柱式支架。为确保盖梁支撑体系的设计合理，BIM 三维模拟及其运算优势进行安装模拟（图 4-32～图 4-34）：

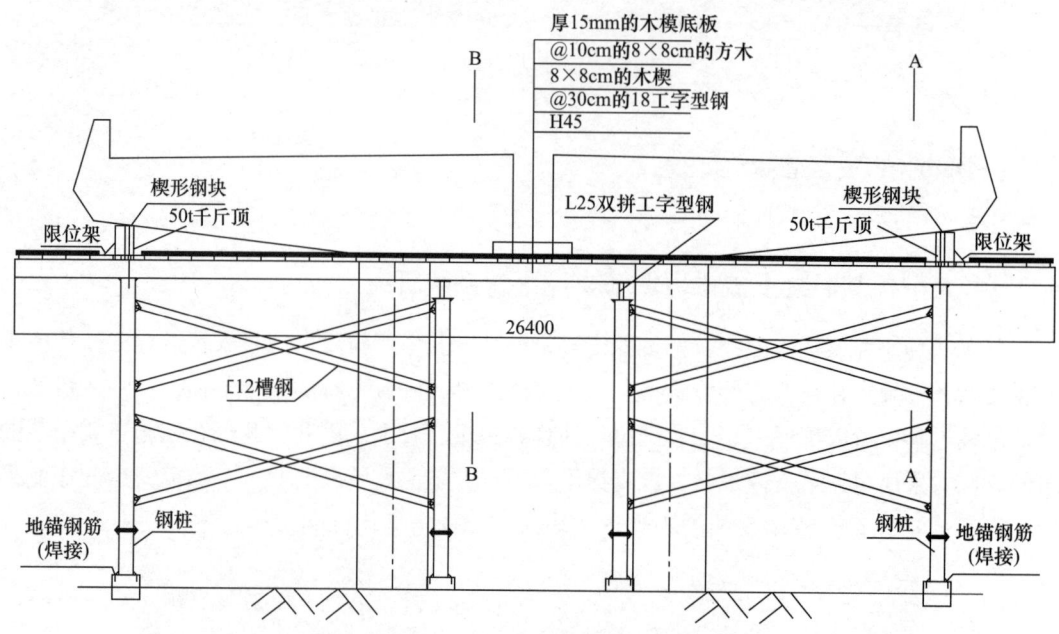

图 4-32　可调节支架及操作平台

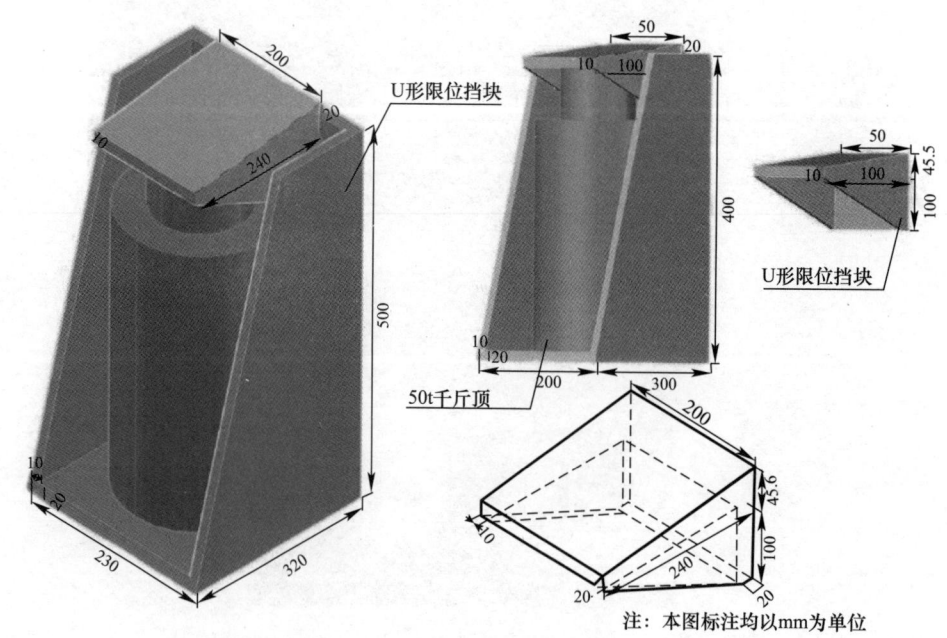

图 4-33　支架顶端的可调节模块设计

第4章 装配式市政桥梁施工方法研究

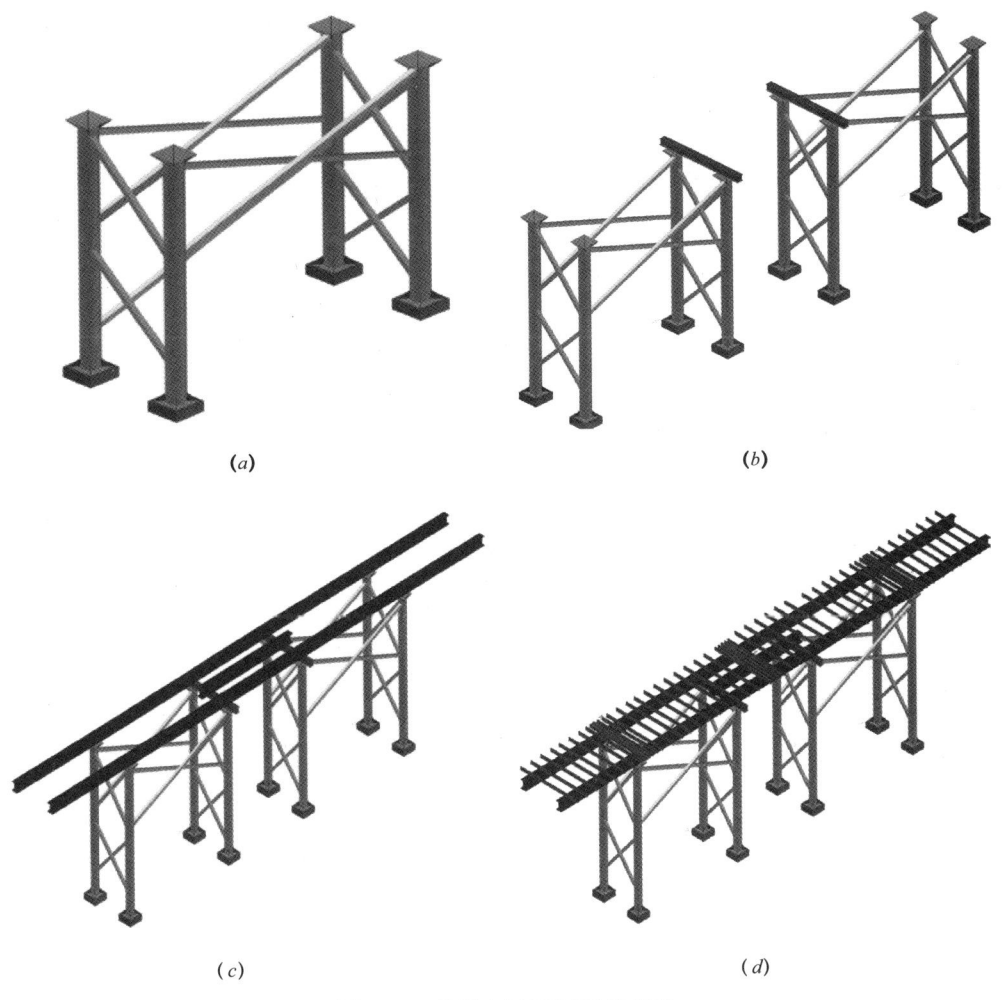

图 4-34 盖梁支架 BIM 设计模拟

1) 支架采用钢柱（φ377mm）支撑，上方架设两根通长的 H45 型钢。
2) 两根通长的 H45 型钢上面设置横向工字钢，I12 的工字钢按 600mm 间距布置。
3) 两根钢柱之间采用 [12 的槽钢，作为内撑。
4) 盖梁校正模块采用 U 形楔块、千斤顶及限位挡块组合而成。

4.2.2 大型预制混凝土盖梁二次吊装工艺研究

为确保盖梁安装时尽量避免因盖梁构件校正、调整对坐浆面的扰动，创新采用二次吊装施工工艺，通过及配合支持体系中的限位装置对盖梁进行限位，使其平稳拼接且确保施工质量（图 4-35）。

为保证吊装施工顺利进行，提高预制混凝土构件之间的安装拼接精度，我们采用 BIM 技术进行了吊装模拟分析，最终选定二次吊装施工工艺。该施工工艺是通过第一次试吊校正后让限位装置固定限位，然后移开盖梁构件进行坐浆施工，坐浆完成后再进行正式吊装。由于有限位装置辅佐，盖梁吊装时无需进行大幅度调整，盖梁与墩柱之间的连接质量可得到较大提高（图 4-36、图 4-37）。

99

图 4-35 支撑体系限位装置

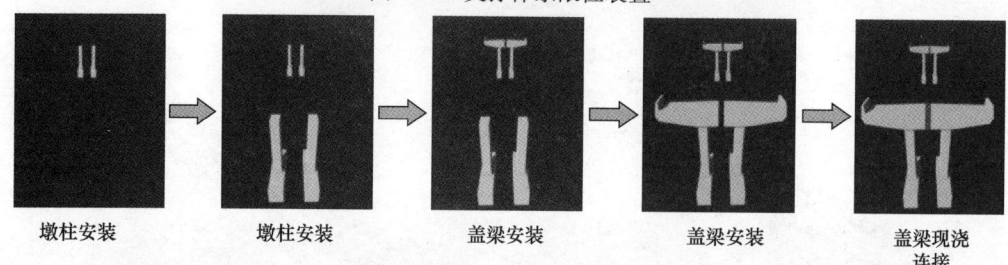

墩柱安装　　墩柱安装　　盖梁安装　　盖梁安装　　盖梁现浇连接

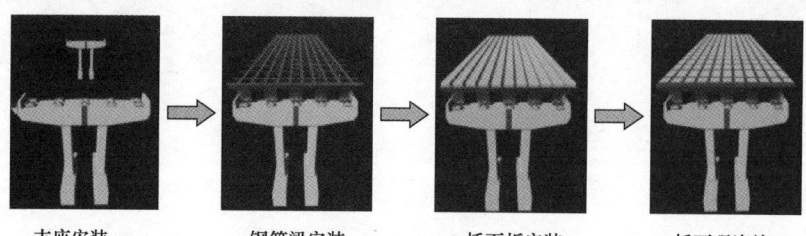

支座安装　　钢箱梁安装　　桥面板安装　　桥面现浇施工

图 4-36 BIM 模拟盖梁吊装施工

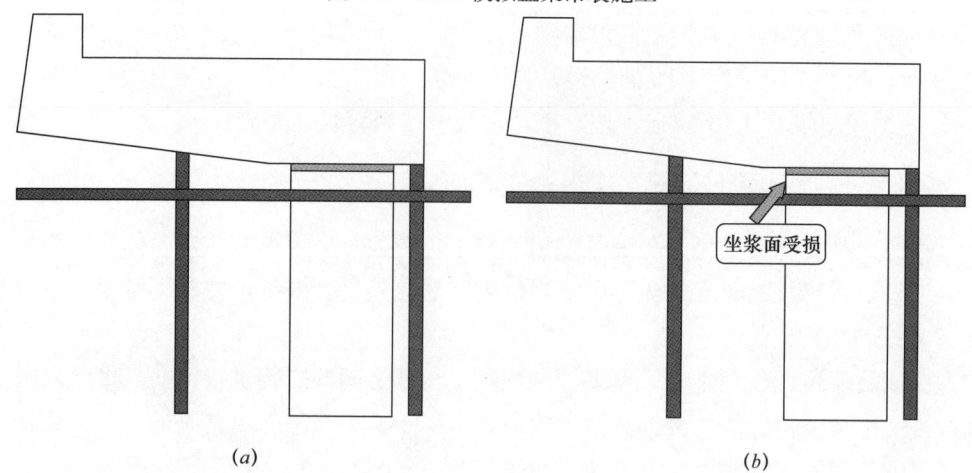

图 4-37 预制盖梁二次吊装分析（一）

（a）二次吊装施工工艺是对盖梁坐浆质量的保护；（b）一次吊装时盖梁的位置调整会对坐浆面造成扰动

第4章　装配式市政桥梁施工方法研究

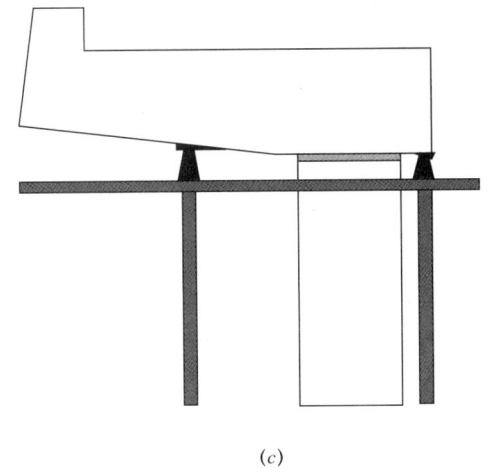

(c)

图 4-37　预制盖梁二次吊装分析（二）

(c) 采用调节可限位的支撑平台体系，第一次吊装时调整盖梁并设置限位，待盖梁提高后再进行坐浆

1. 盖梁试吊

盖梁拼装使用两台吊车用抬吊方式进行拼装，待盖梁构件吊至墩柱中心上方后慢慢放下，当灌浆套筒接近墩柱顶部钢筋时，让套筒与墩柱钢筋一一对接并缓慢下降。当盖梁底部快要接近墩柱顶面时，两台吊机同步分级卸力至 200kN 后停止卸力，同时对盖梁进行校正、调整。

盖梁位置校正时，在其大里程、小里程及中心线端各放一个限位框架进行调整。调整完毕后锁紧千斤顶，用楔块调整盖梁的水平标高（图 4-38、图 4-39）。

图 4-38　盖梁第一次试吊

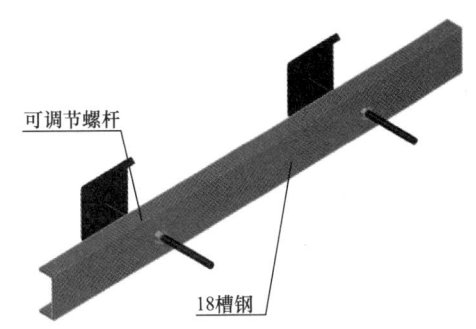

图 4-39　盖梁限位框架

2. 结合面坐浆

试吊完成后，先检查抱箍平面标高和调整块的位置和标高，将墩柱顶面清理干净并湿润，然后把拌好的浆液铺设在墩柱顶面，并将铺好的浆液扒平与调节块顶面齐平（图 4-40）。

图 4-40 提起盖梁进行坐浆工序施工

（1）拼接面处理

为增强拼接面的黏结性，应对拼接面进行凿毛，中心安放调节垫块位置不进行凿毛。凿毛要求露出混凝土粗骨料为止，凿毛后应用清水对其清洗干净。

（2）安放调节垫块

1）在已处理过的承台中心位置安放调节块，调节块平面尺寸 20cm×20cm；然后对承台中心点高程进行复测，根据复测结果计算调节块的高度，调节块采用钢板，高程允许偏差±2mm（图 4-41）。

2）在已处理墩柱顶的顶面上安放 4 块调节垫块，调节块平面尺寸 20cm×20cm；然后对墩柱顶面高程进行复测，根据复测结果计算调节块的高度，调节块采用钢板，高程允许偏差±2mm（图 4-42）。

图 4-41 承台调节垫块安放

图 4-42 盖梁调节垫块安放

（3）挡浆模板铺设

1）在承台表面墩柱四周边沿墨线 5cm 位置，安装挡浆模板，材料采用硬木，尺寸宽 15cm，厚 5cm。在挡浆模板每隔 1m 的位置，与承台对应处安装一个膨胀螺栓，挡浆模板与承台采用膨胀螺栓固定。膨胀螺栓位置应避开千斤顶的安放位置（图 4-43）。

2）为了固定和微调墩柱拼装时墩柱底部的纵横向位置，控制墩柱底部偏位在 5mm 以内，应在下口四个倒角位置设置 L 形型钢限位板进行限位调整。限位板与承台采用膨胀螺栓连接，L 形型钢每边设置一个孔，调节螺杆穿过孔洞顶住钢板，钢板在拼装墩柱时与墩柱紧贴，利用螺杆进出来调整墩柱底部纵横向位置（图 4-44）。

3）墩柱顶抱箍由模板厂根据墩柱模板统一加工，尺寸大小和墩柱断面尺寸一致，高 11cm。在抱箍底部设有螺栓孔，与墩柱预留孔位置一致。

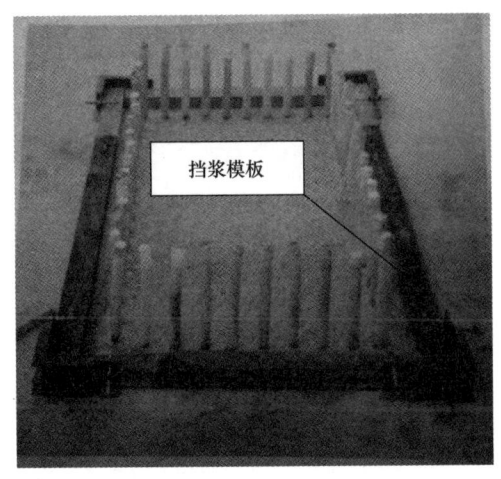

图4-43 承台挡浆模板

图4-44 承台限位装置

4）先将抱箍顶面标高控制好，抱箍沿着墩柱顶面安放，然后在墩柱与抱箍结合面处安装橡胶条或者其他密封条。再把抱箍之间的连接螺栓拧紧，锁紧抱箍后检查其密封性（图4-45）。

（4）砂浆垫层铺设

1）将拌好的浆液倒入小桶内，然后铺设在拼接面范围内，并将铺好的浆液扒平。浆液铺设厚度大于2cm厚，最好控制在3cm左右，在浆液铺设过程中，先安放橡胶密封圈（图4-46）。

2）如果预制混凝土构件四周有浆液溢出，说明浆液完全填充拼接面。如果浆液没有溢出，说明浆液不够，应立即将预制混凝土构件吊起，补充拼接面浆液（图4-47）。

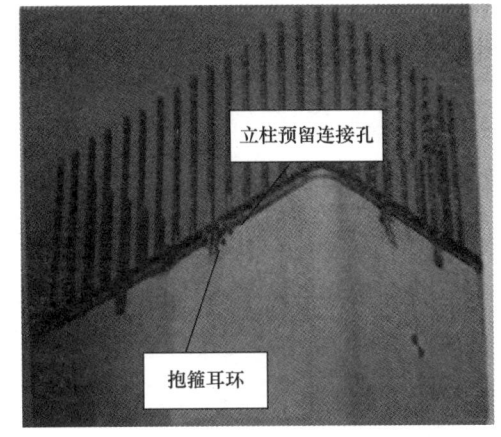

图4-45 墩顶挡浆抱箍

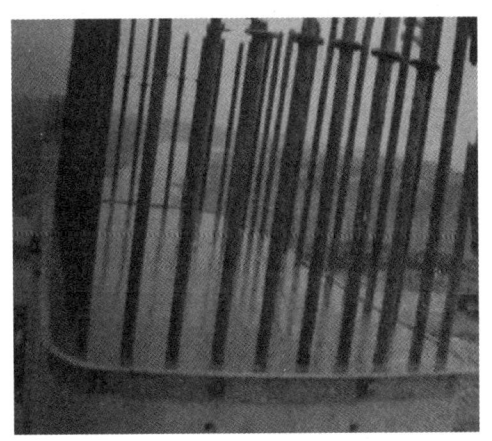

图4-46 拼接面砂浆铺设

图4-47 墩柱顶面坐浆

3. 盖梁正式拼装

坐浆完成后必须在 30min 内完成盖梁与墩柱的拼装。两台吊机将盖梁吊至墩柱上方，进行拼装，方法与盖梁试吊相同。拼装完成后，用水清理墩柱四周溢出的浆液（图 4-48、图 4-49）。

图 4-48 正式安装盖梁

图 4-49 盖梁连接处浇筑

4.2.3 大型预制混凝土盖梁灌浆套筒灌浆研究

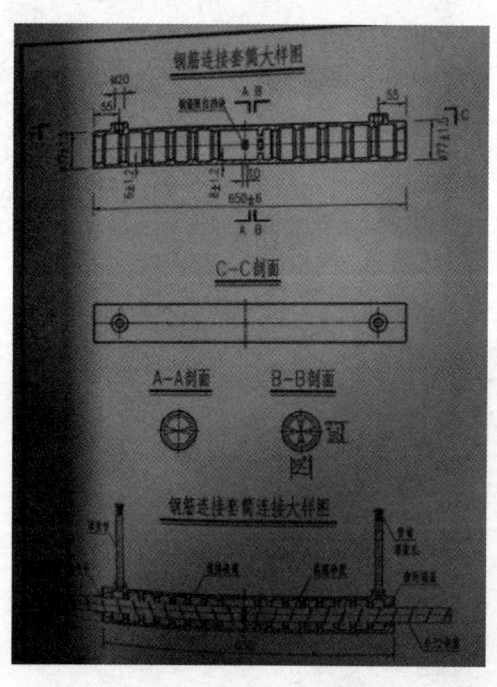

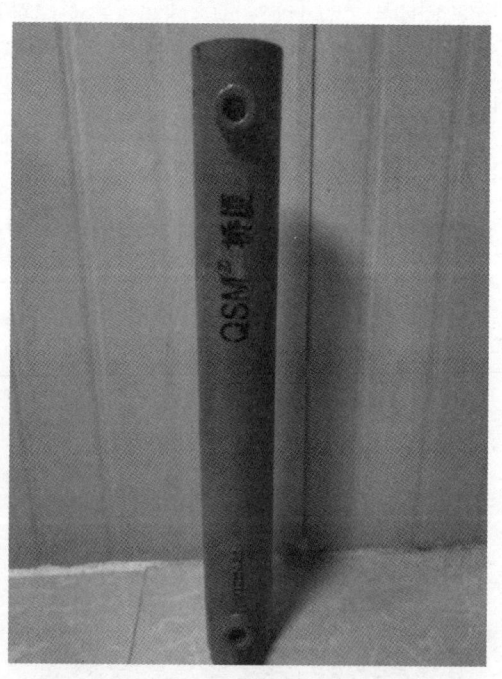

图 4-50 灌浆套筒设计及实物图

1) 在预制混凝土构件吊装完成 12h 之后，应拆除构件其他辅助装置，如：墩柱牛腿、千斤顶、挡浆模板、限位装置。方便灌浆套筒安装灌浆、出浆接头以及灌浆套筒灌浆。

2）将出浆孔接头钉入出浆孔内，在接头处安装出浆管，出浆管必须高于预埋套筒的高度，以保证灌浆到位；出浆管安装完成后，采用高压水枪用清水（自来水）冲洗灌浆、出浆管道。冲洗时，从灌浆孔压水，从出浆孔溢出，以保证管道畅通。

图 4-51　灌浆套筒安装示意图

图 4-52　灌浆套筒受力试验

3）灌浆料拌合需满足相关要求，详见本章第二节第 2 条。拌合方法同坐浆料相同，先慢转 1min，再 3min；灌浆料搅拌好后应先静置 2～3min，以待高速搅拌带入的气泡消除。

4）将拌好的浆液倒入专用的灌浆机料斗内，将灌浆机的管道接入灌浆口，开启灌浆机进行灌浆（下孔口为浆液入口，上孔口为浆液出口）；当出浆管连续排浆且与灌浆机内浆液浓度一致时，停止灌浆，并临时封闭灌浆口。

5）然后用相同的方法对下一个灌浆套筒进行灌浆，直至所有的灌浆套筒灌浆完成。灌浆完成后，用清水清理多余的浆液（图 4-53～图 4-55）。

图 4-53　安装出浆接头

图 4-54　安装出浆管

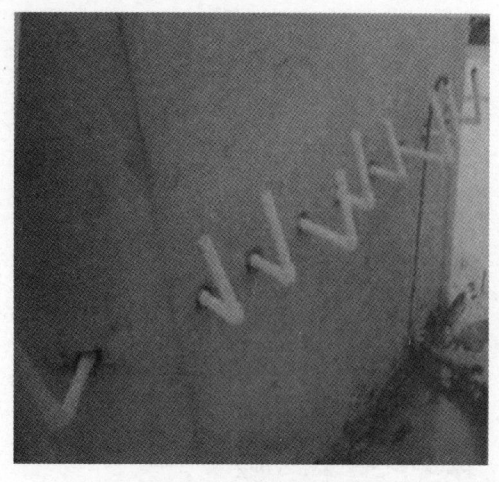

图 4-55 灌浆套筒灌浆

4.2.4 预应力筋分阶段张拉技术研究

由于盖梁施工完成后需要安装钢箱梁作为桥面支撑，而钢箱梁均属于大型超重构件，为保证盖梁预应力张拉的有效性，经研究和试验，我们决定采用二阶段张拉技术。

第一阶段：盖梁预应力钢束的第一阶段张拉时间为盖梁现浇段混凝土强度≥90%，且其龄期≥7天；所有钢束采用两端对称张拉，张拉控制预应力 1302MPa，每根钢绞线的张拉顺序为：0-初始预应力（σ 的 10%）-σ 的荷载时间（2min）-锚固。张拉完成后，用真空泵压降工艺做孔洞压浆，压浆必须饱满充实（图 4-56）。

第二阶段：第二阶段预应力张拉在盖梁上完成钢箱梁施工之后；由于钢箱梁重量较大，盖梁安装钢箱梁后会造成结构产生细微的变形而影响预应力的效果。因此，我们采取了分阶段张拉的办法，保证了盖梁的预应力施工质量。其中张拉要点与第一阶段施工详图（图 4-57）。

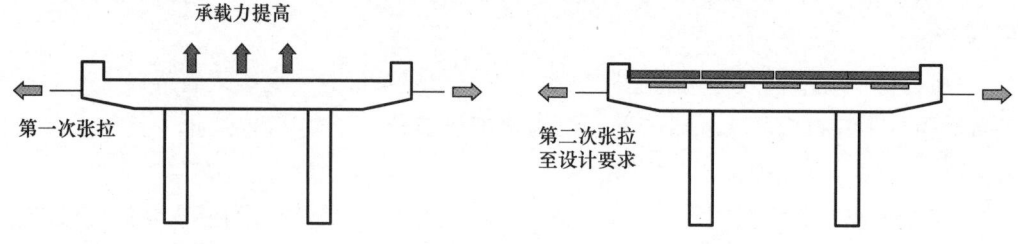

图 4-56 预制盖梁第一次张拉示意图　　图 4-57 预制盖梁第二次张拉示意图

等预应力第二阶段张拉结束后，再用 C50 混凝土对其封锚，该封锚的混凝土，适宜添加少量膨胀剂以此减少水泥浆的收缩（图 4-58、图 4-59）。

图 4-58 现场预应力张拉

图 4-59 预制盖梁施工完成图

二次预应力张拉施工要点

1) 盖梁预应力钢束第一阶段张拉时盖梁现浇段混凝土实际强度及弹性模量不小于设计值的 90%，且混凝土龄期不小于 7d。

2) 预应力钢束张拉时应用张拉力，引伸量双控。实测引伸量不应超过设计值的 ±6%。

3) 所有钢束采用两端对称张拉，张拉控制预应力 1302MPa，每根钢绞线的张拉程序为：0—初始应力（σ_{con} 的 10%）—σ_{con}，持荷时间 2min，锚固。

4) 张拉完成后，用真空压浆工艺作孔道压浆，压浆料为 M50 水泥浆，压浆必须饱满充实。

5) 等预应力第二阶段张拉、压浆结束后再用 C50 混凝土对其封锚，该封锚混凝土宜添加适量微膨胀剂宜减少水泥浆的收缩。

4.2.5 预应力混凝土盖梁高精度安装工艺研究

（1）盖梁安装前须设置支撑平台。根据预制盖梁距路线中心线端距墩柱边 2.1m，另外一端距墩柱边 7.3m。根据计算远离路线中心线端较重，导致盖梁拼装后整体不平衡，需要搭设临时支架。

（2）盖梁临时支架采用混凝土基础，钢柱作为支撑，H45 型钢横梁，12 工字钢纵梁组成的梁柱式支架。

（3）支撑平台顶端设置三角形楔块，千斤顶、限位钢槽及限位钢垫用于盖梁调整及限位；限位装置中的千斤顶承载力不少于 50t。

（4）盖梁第一次吊装应缓慢下降至设计标高后停止下降，由千斤顶进行校正及限位。盖梁拼装使用两台吊车用抬吊方式进行拼装，两台吊车就位后慢慢吊至墩柱中心上方，缓慢下放。当灌浆套筒接近墩柱顶部钢筋时，稳住两台起重机，让套筒沿着墩柱顶部钢筋慢慢下放。

（5）盖梁底部快接近墩柱顶面时，两台起重机同时同步分级卸力，卸至 200kN 后，停止卸力，开始对盖梁位置进行初步调整。

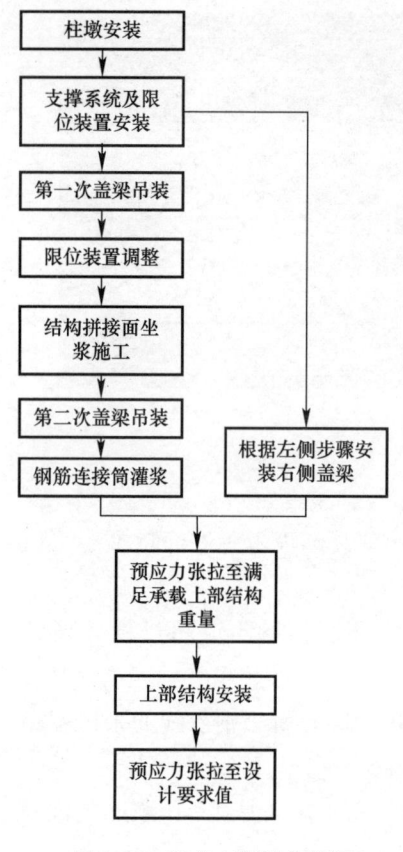

图 4-60 预应力混凝土盖梁高精度安装工艺流程

(6) 盖梁拼装空间位置调整

① 盖梁沿墩柱纵向偏差，就是盖梁横断面偏差。

② 盖梁沿墩柱横向偏差，就是盖梁纵断面偏差。

③ 盖梁扭转时，一端偏向盖梁横断面左侧，一端偏向盖梁横断面右侧。

④ 对盖梁纵横断面位置调整，通过起重机微转进行调整。

盖梁位置调整后，然后锁紧千斤顶，用楔形块调整盖梁水平标高。

当盖梁试吊完成后，将盖梁慢慢吊起，移至墩柱范围外。然后将抱箍平面标高调整后，检查调整块的位置及标高。

① 先将墩柱顶面清理干净，再将墩柱顶面润湿。

② 将拌好的浆液铺设在墩柱顶面，并将铺好的浆液扒平，且与调节块顶面平齐。

③ 浆液铺设方法与其他注意事项和承台面坐浆相同。

坐浆完成后，必须在 30min 内完成盖梁与墩柱的拼装。两台吊车将盖梁吊至墩柱上方，进行拼装，方法与盖梁试吊相同。拼装完成后，用水清理墩柱四周溢出的浆液。

盖梁拼装完成 12h 后，拆除抱箍，对盖梁内的灌浆套筒进行灌浆。预制盖梁节段 1 和预制盖梁节段 2 之间有 1m 的现浇段，当同一轴线预制盖梁两节段拼装及灌浆完成后，方可进行现浇段施工。

4.3 U形钢箱梁-预制混凝土桥面板安装

钢混组合梁最大跨度为 60m，横跨现有交通要道，且不能中断现有交通，施工环境复杂。由于钢箱梁的运输要求，每段钢箱梁不能超过 30m。

为了提高施工效率，缩短施工工期，对 U 形钢箱梁-预制混凝土桥面板-现浇桥面的市政桥梁组合结构施工流程及工序进行了详细的研究和分析，并对 U 形钢箱梁吊装支撑体系和 U 型钢箱梁现场连接及桥面浇筑工序进行了优化，得到一整套的 U 形钢箱梁-预制混凝土桥面板-现浇桥面的市政桥梁组合结构施工技术。

针对 U 形钢箱梁-预制混凝土桥面板-现浇桥面的市政桥梁组合结构进行详细的施工工序研究和分析，其上部结构施工流程如图 4-61 所示。

主要可以包括了大跨度 U 形钢箱梁和预制桥面板的安装两个部分。

第4章 装配式市政桥梁施工方法研究

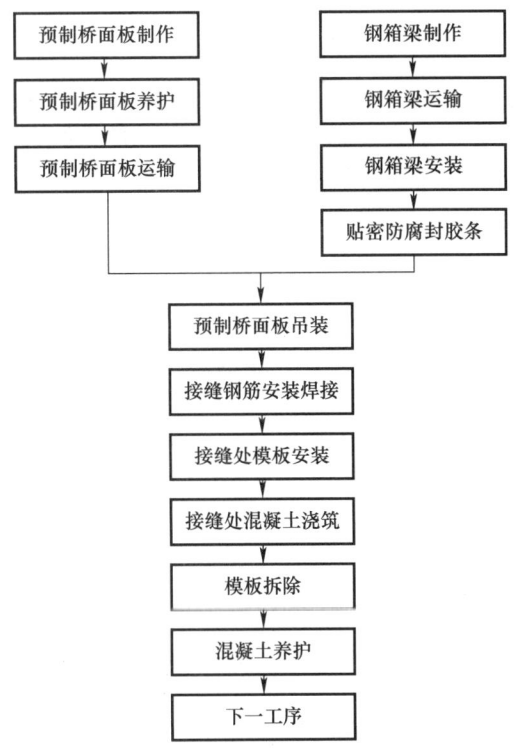

图 4-61 桥梁上部结构整体施工流程图

4.3.1 U形钢箱梁安装工艺研究

(1) U形钢箱梁安装工艺

钢箱梁的安装流程如图 4-62 所示。

搭设临时支架

① 支架基础

在搭设临时支架前必须对支架地基进行验算并进行地基预处理,使得地基符合使用的要求。

支架受力计算书,得单支架底座最大支反力:$F_{max}=$1558kN(43.1m 跨支架布置形式);

则单套支架下底座对地面反力取:$F=1558$kN;

混凝土基础为尺寸 $3.5m \times 4m = 14m^2$

查建筑施工计算手册(第四版)吊装荷载及附加荷载时的稳定安全系数 K,$K \geqslant 1.15$。取 $K=1.15$,进行计算:

$P = F \times K / A = 1558 \times 1.15 / 14 = 128$kPa

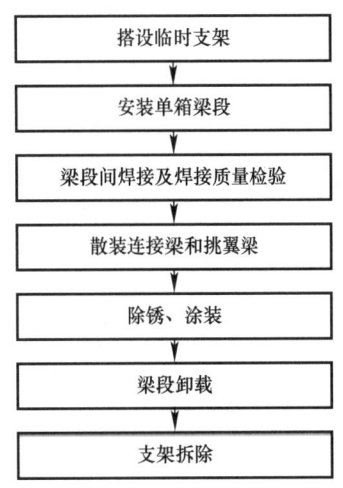

图 4-62 钢箱梁安装流程图

临时支架区域位于原有城市道路上,地基承载力较好,一般可达 150kPa。

$P=128$kPa<150kPa,满足,地基承载力符合要求地基承载力符合要求,无需考虑其他增加地基承载力措施。

考虑支架稳定性要求,在支架底座下设置钢筋混凝土条形基础,每个底座 8 根 M18

螺杆或植筋与支架底座相连（图4-63、图4-64）。

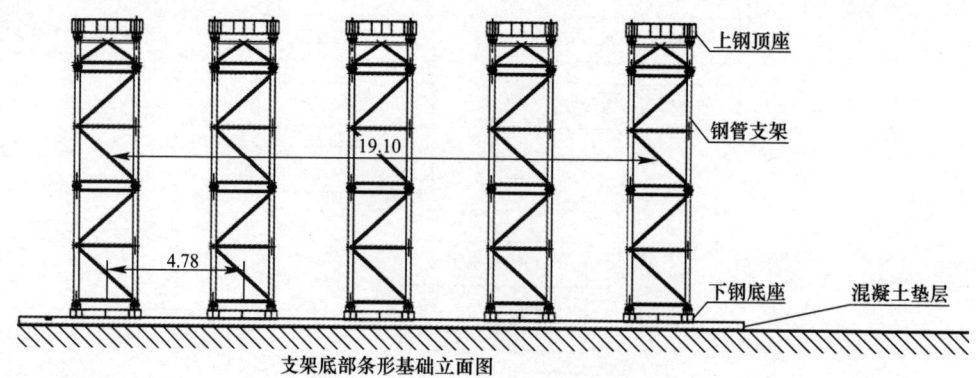

图4-63 支架底部条形基础布置图

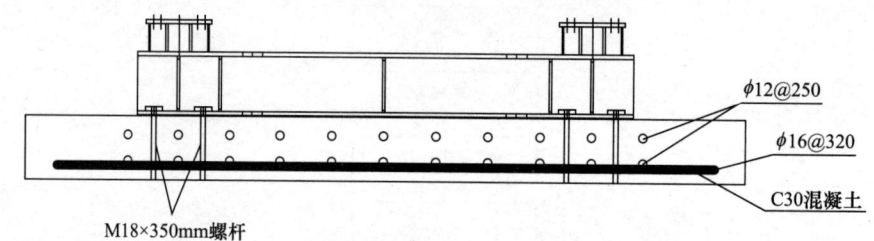

图4-64 条形基础详图

② 支架结构及布置

支架统一采用标准组合支架，每节支架由4主管组合，主管规格为180×8mm，主管间距纵向2m，支架腹杆为钢管89×5mm，上下配备2.4×2.4m的H型钢垫座，H型钢规格为HW300×300×10×15mm、HN450×200×9×14mm；工程支架现场组合高度为10~12m；一套支架底座使用8组M16×400mm螺栓与地面连接固定，插入深度不少于250mm，用于固定支架（图4-65）。

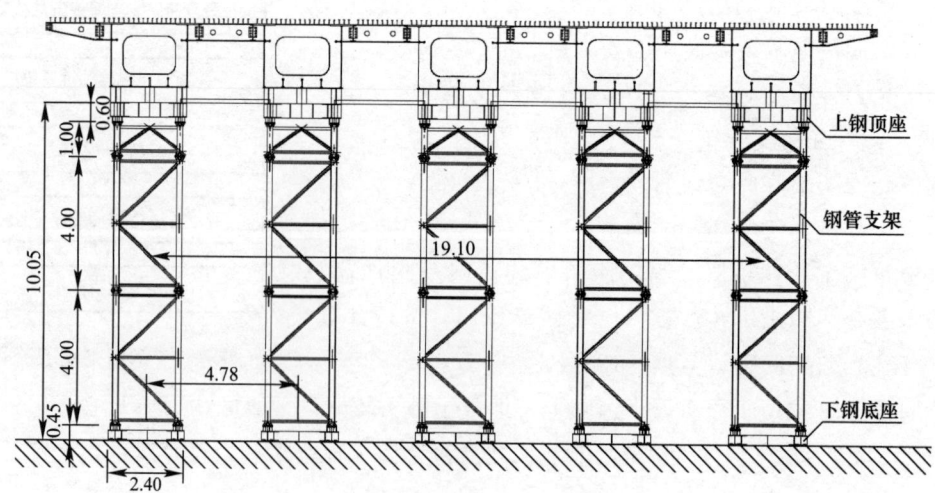

图4-65 支架搭设立面示意图

第4章 装配式市政桥梁施工方法研究

支架结构图纸：4m标准主架（图4-66）。

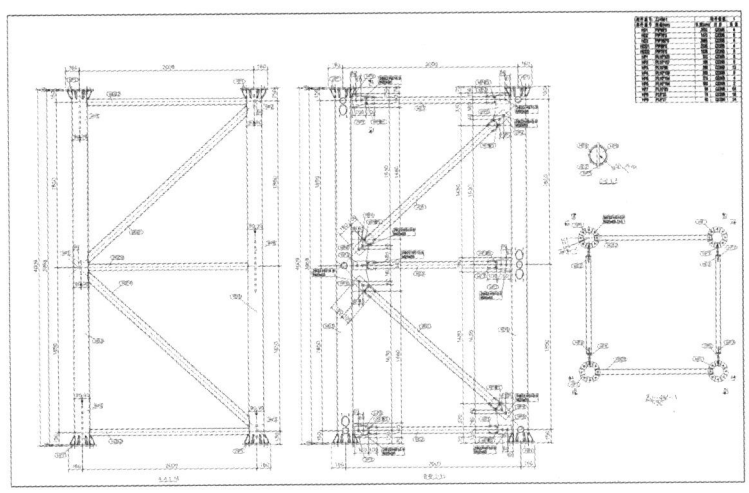

图4-66 4m标准主架结构图

支架结构图纸：2.4m钢底座（图4-67）。

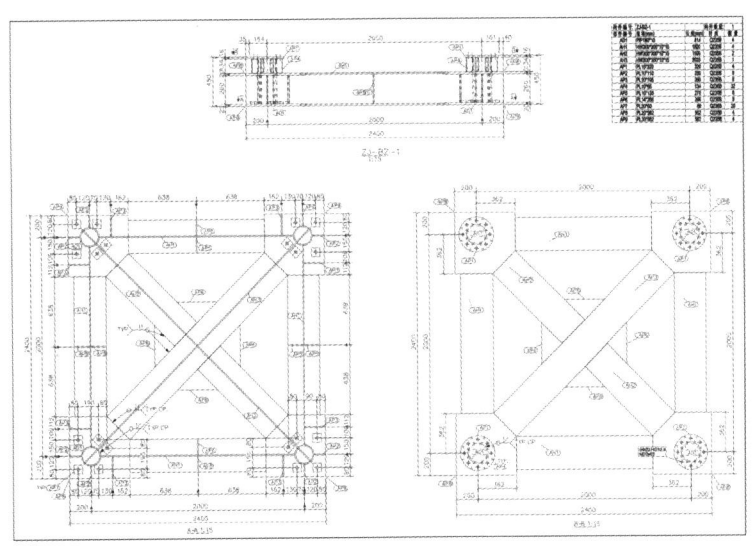

图4-67 2.4m标准钢底座结构图

支架结构图纸：2.4m钢顶座（图4-68）。

支架节＋上钢顶座＋下钢底座为一套组合支架，如下为60m跨（13～14轴）支架布置形式，合共10套支架，支架高度10.5m（图4-69～图4-71）。

③ 支架防护措施及安全措施

为了保证临时支架稳定性，支架安装完毕后在支架两侧用8mm钢丝绳加固，与地面连接（图4-72）。

111

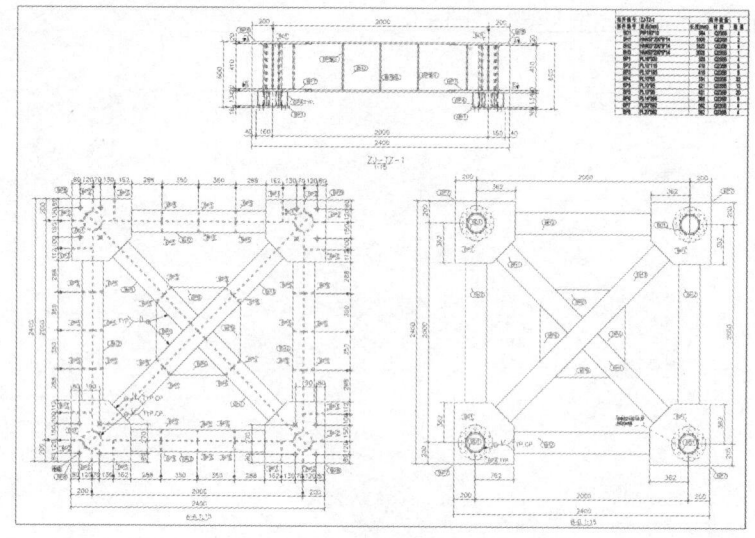

图 4-68　2.4m 标准钢顶座结构图

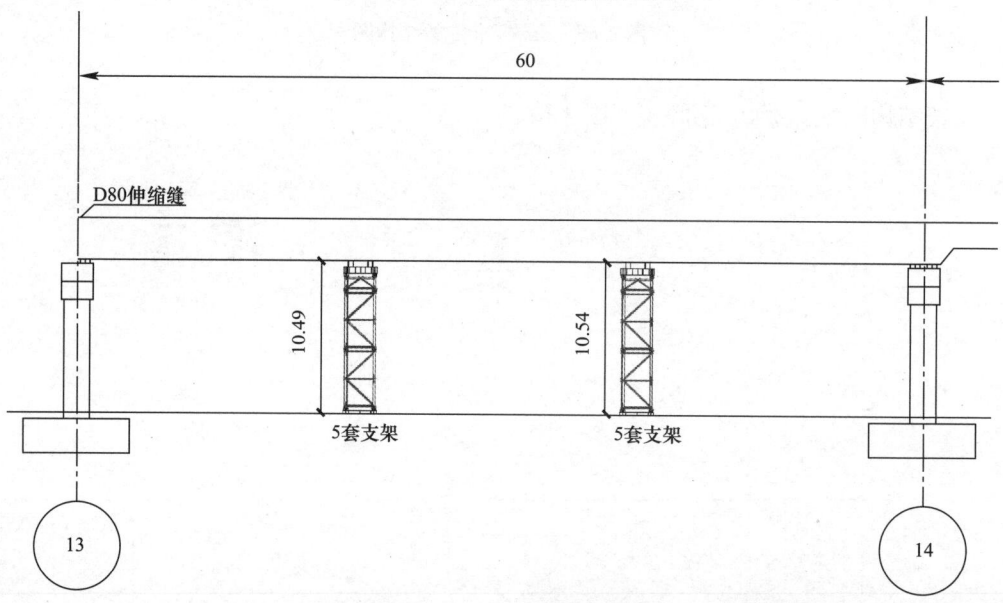

图 4-69　纵向支架搭设布置图

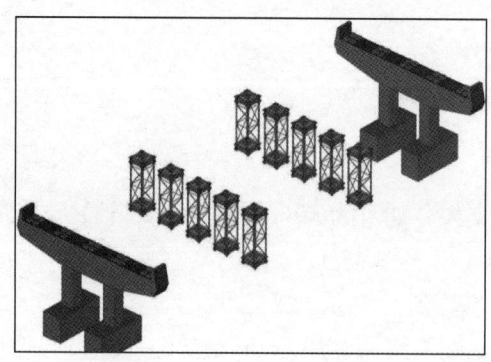

图 4-70　支架搭设示意图

图 4-71　现场支架搭设图

第4章 装配式市政桥梁施工方法研究

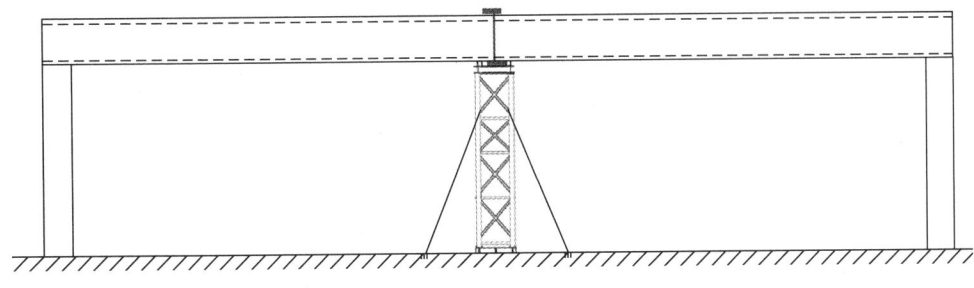

图 4-72 缆风绳加固示意图

在桥边每隔 2m 设置一道 1.5m 直径 50mm 的钢管，横向通长 8mm 钢丝绳，用于防护工人临边施工。临边施工须带好安全带和戴好安全帽，并把安全带扣勾在钢丝绳上（图 4-73）。

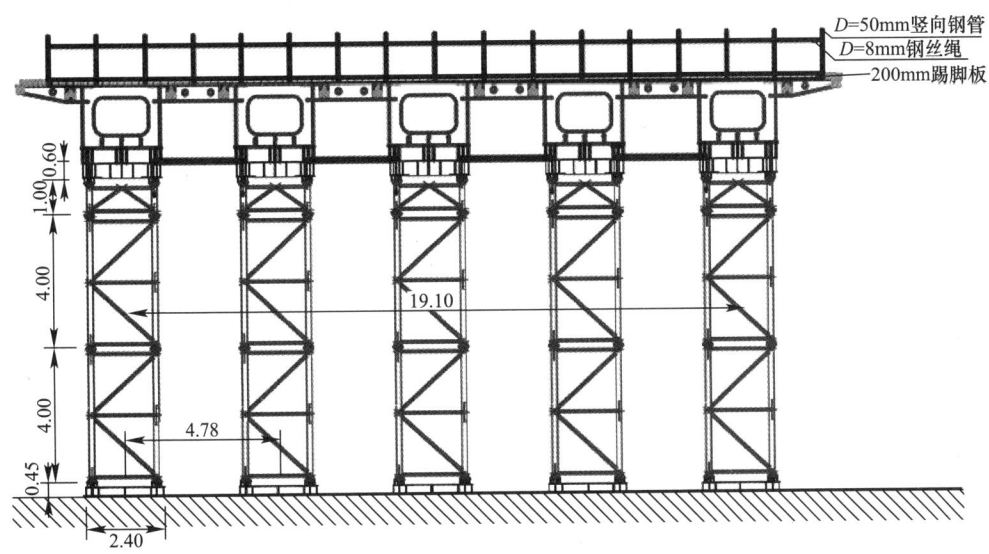

图 4-73 桥面护栏布置图

支架与支架间使用 2 条 100×100mm 工字钢连接固定，平台面中间铺设踏步板通行；支架树立后，在边沿位置安装栏杆，使用 50mm 钢管，拉设 8mm 钢丝绳作安全带挂扣之用；在每排支架间合适位置处，搭设施工临时上落梯，选用盘口式钢管脚手架＋踏步梯而成，梯子外圈铺设隔离网，防止外坠（图 4-74）。

（2）安装单箱梁段

① 运输车辆停靠在相对的内侧道路上，占用 1 条车道（虚线），安设好围挡设施和警示标志；使用 350t 吊机站在中间段位置吊装，梁段长 21m，重量 37t，吊装半径 20m，吊装工况满足安全要求（图 4-75）。

② 使用 350t 吊机站在中间段位置吊装另一端钢梁，梁段长 21m，重量 37t，吊装半径 20m，吊装工况满足安全要求（图 4-76）。

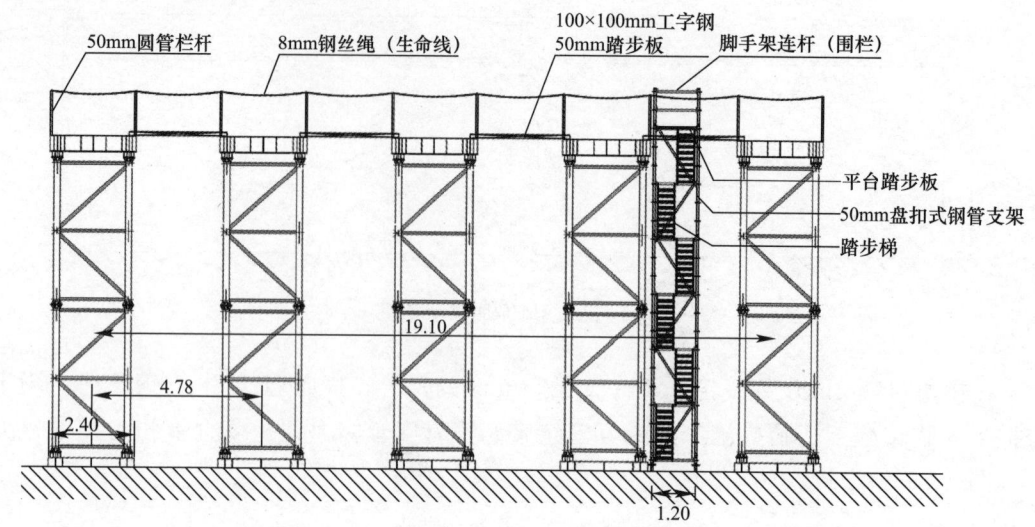

图 4-74 支架平台上方安全措施图

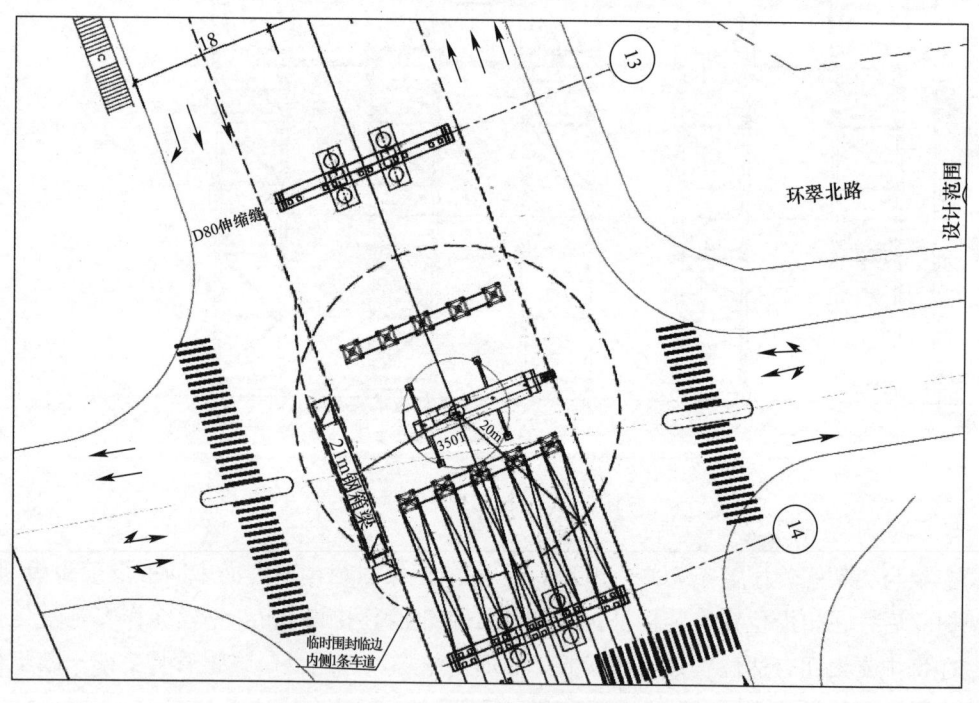

图 4-75 14 轴~13 轴（60m 跨）钢箱梁吊装作业示意图（一）

③ 使用 250t 吊机站在中间段一侧位置进行吊装，梁段长 20m，重量 36t，吊装半径 16m，吊装工况满足安全要求（图 4-77）。

④ 深夜封闭左侧 1 车道，使用 250t 吊机占道吊装剩余 2 段箱梁，梁段长 20m，重量 36t，吊装半径 9m，吊装工况满足安全要求（图 4-78）。

⑤ 钢箱梁接合方式皆为由上到下落位对接，面板与底板错口 400mm，腹板接口于

400mm 中间，如图 4-79 所示。

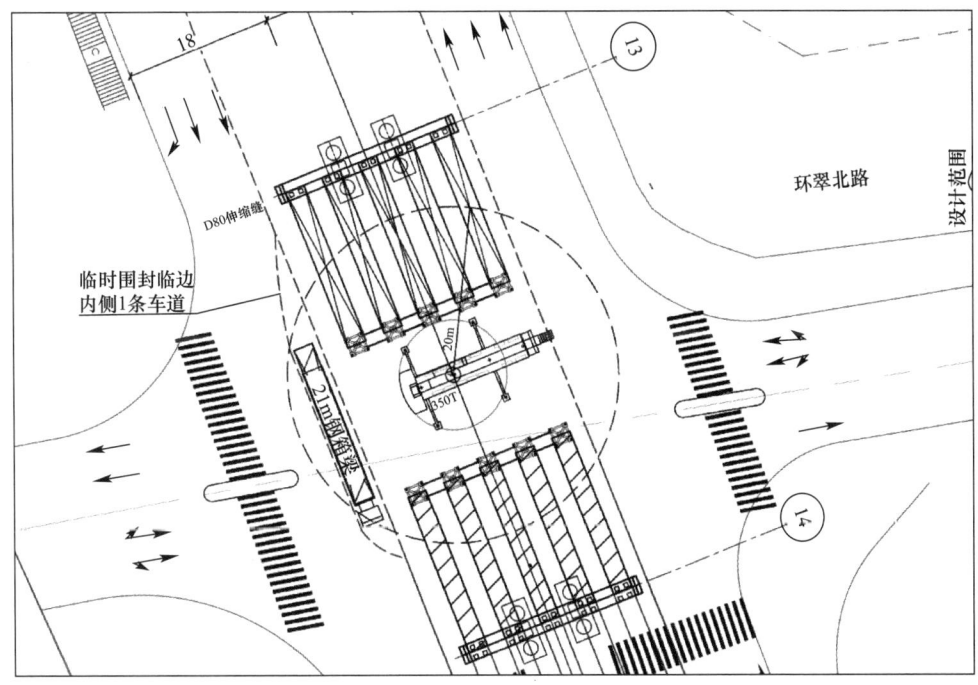

图 4-76 14 轴～13 轴（60m 跨）钢箱梁吊装作业示意图（二）

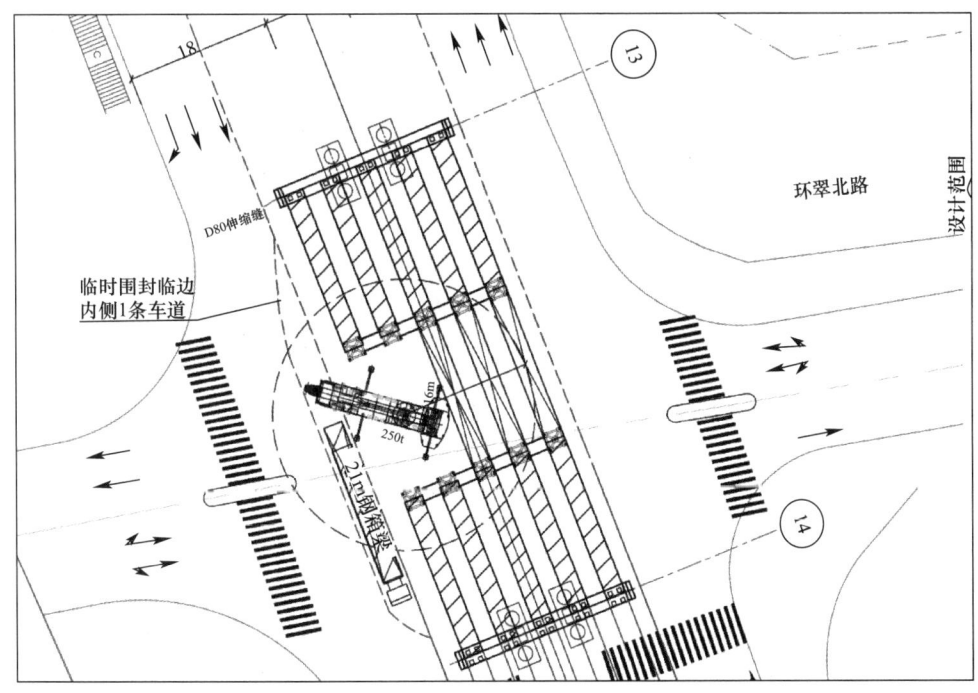

图 4-77 14 轴～13 轴（60m 跨）钢箱梁吊装作业示意图（三）

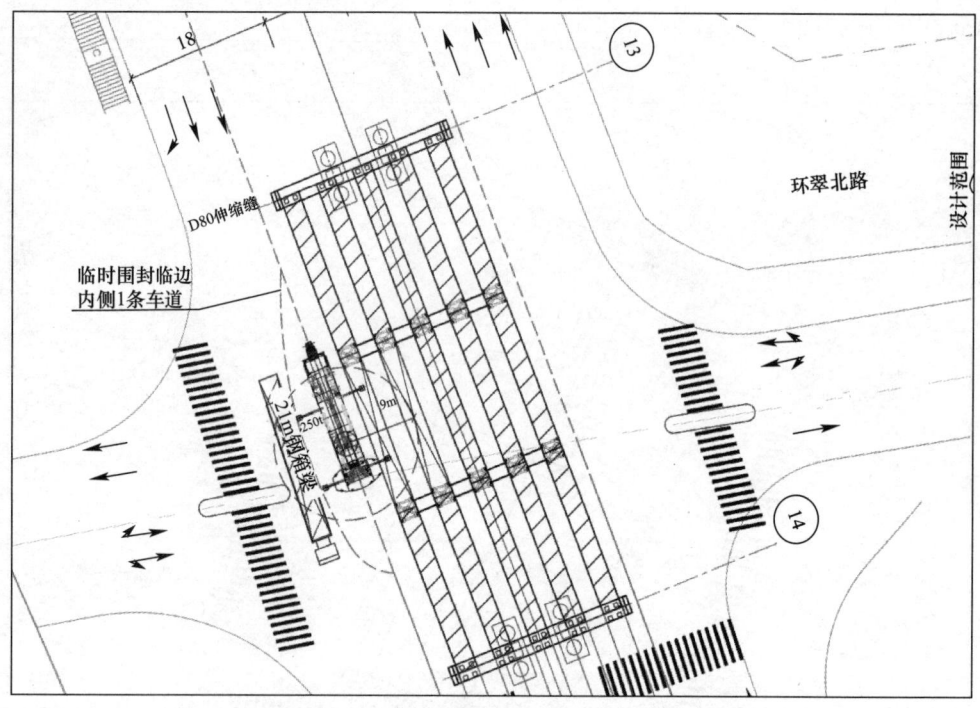

图 4-78　14 轴～13 轴（60m 跨）钢箱梁吊装作业示意图（四）

图 4-79　钢箱梁接口形式示意图

对接措施：

Ⅰ. 钢箱梁合拢前，必须对现场合拢口间的距离反复测量，再通过数据修正待装钢箱梁长度；

Ⅱ. 箱梁对接前于吊装箱梁面板焊接强力定位挂板，已安装箱梁外侧面焊接定位码板；

Ⅲ. 箱梁吊至合拢口正上方，缓慢下落，下落过程中通过葫芦、定位板等措施不断修正偏位，让钢箱梁顺利下合。

第4章 装配式市政桥梁施工方法研究

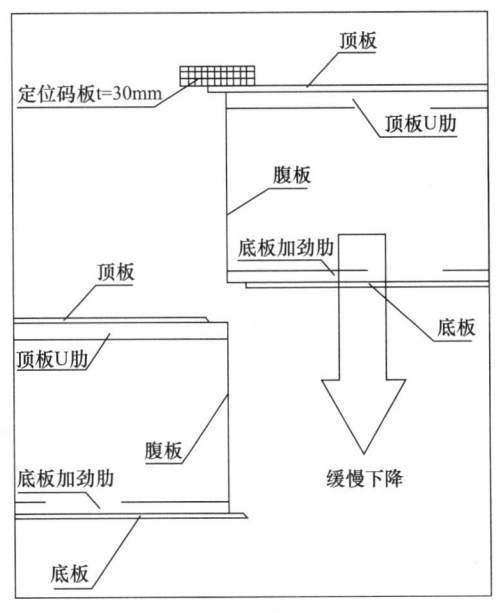

图 4-80 钢箱梁对接措施图（一）

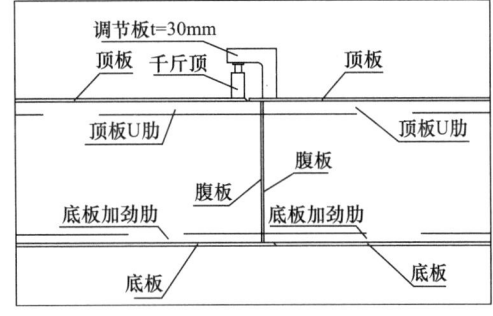

图 4-81 钢箱梁对接措施图（二）

钢箱梁安装精度控制：

首先建立平面控制网，要求达到四等导线网的精度，该平面网要与施工平面网进行联测，严密平差计算控制点坐标。在安装前在已安装好的临时钢支墩上，利用精密全站仪在支墩平台上做好桥梁中心轴线、边线的测绘定位。

在已浇捣好的混凝土支墩上或已浇捣好的混凝土桥梁的端部，用钢板作临时固定点，做好第一节段后配合全站仪测绘点作为端部临时固定点。

根据设计要求缝口的大小，用限位码板作好衬垫固定，专用焊接用码板定位牢固，确保中心轴线的正确性。

为防止横向位移，在临时支墩内侧用支撑三角钢板阻止横向位移。横向位移必须控制在中心线±(1～2)mm 以内。

纵向位移和小量调节，在吊装时利用已固定的箱体，用 25t 的葫芦作小量调整，调整好后用安装码板定位固定。

钢箱梁纵向产生顺桥向推力，为防止箱梁推移，应在钢箱梁上坡位置加设 5t 倒链，向上拉紧钢箱梁。

在施工中，钢箱梁因焊接产生纵向和横向变形，要对焊接变形进行测量，掌握变形数据及变形规律，以提高控制精度的准确性，一般情况下，环缝焊接产生的纵向收缩为 3～5mm，横向变形为 1.5mm。在钢箱梁下料时，应考虑纵向变形和横向变形，长度和宽度方向增加 3～5mm 及 1.5mm。

中心轴线和起拱高度应每天都做好施工记录，确保符合设计要求和国家规范。全站仪和水准仪应随时进行跟踪检测，并做好检测记录。

吊装验算：

13～14 轴共 15 段梁吊装，最大工况属于第一分段的吊装作业：箱体重量达 37t，使用350t吊机进行吊装,吊装距离最远20m(图4-82、图4-83)。

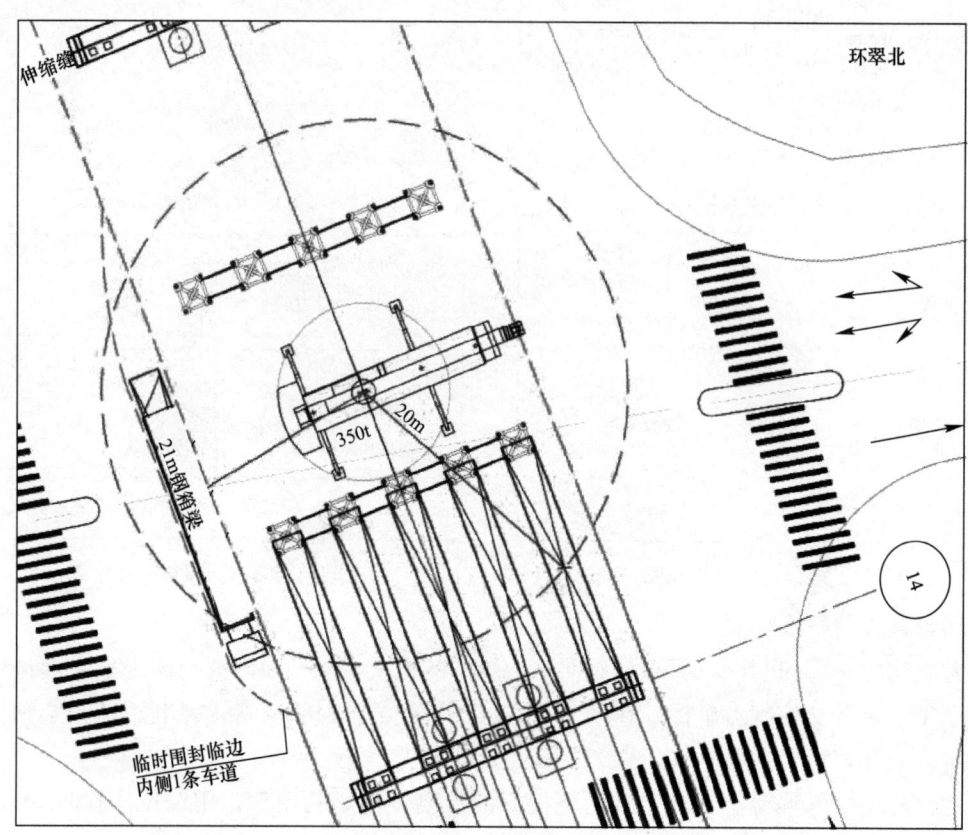

图4-82 钢箱梁最大吊装工况平面示意图

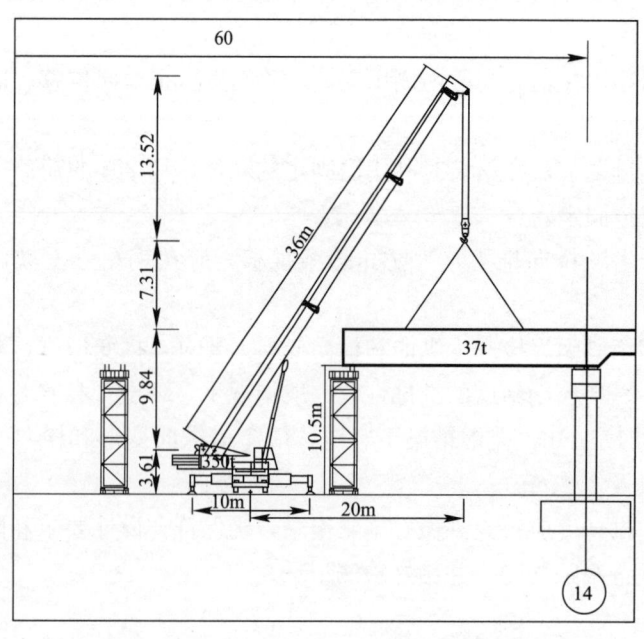

图4-83 钢箱梁最大吊装工况立面示意图

吊机中心离吊点及起吊位置距离为 20m；需要臂长 36m；

起吊高度离地 3.6m＋9.8m＝13.4m

重量 37t，即 $Q_1=37t$，考虑索具重量 $Q_2=2t$，K 为起重机吊重安全系数，取 1.1，即：$(Q_1+Q_2)\times1.1=42.9t$。

根据 350t 汽车吊性能表，该工况吊机 20m 吊距满足 52.0t 重量吊装，52t＞42.9t，满足此工况吊装（图 4-84）。

臂长 m / 幅度 m	主臂 配重107t，支腿跨距9m									
	15.6	20.7	25.8	30.9	36	41.1	46.2	51.3	56.3	61
3	350*	175								
3.5	260*	174	159							
4	235*	172	158							
4.5	215	170	156	130						
5	198	167	154	130						
6	175	156	148	125	110					
7	157	139	140	123	105	83	70			
8	138	126	126	118	100	80	67	58		
9	120	115	115	110	95	76	64	58		
10	110	105	105	105	90	72	61	55	45	40
12	90	88	88	90	80	65	56	52	45	37.5
14		75	74	78	70	56	50	48	42	35.5
16		57	64	68	65	51	45	43	38	33
18		52	56	58	58	44	40	40	34	30.6
20			48	50	52	40	37	35	32	28.8
22				43	45	36	34	32	30	26.8
24				38	40	33	31	30	28	24.9
26				32	36	30	28	28	26	23
28					32	28	26	25	24	21.8

图 4-84　350t 汽车吊性能表图

吊耳布置：

钢箱梁构件所有吊耳布置都必须以结构重量中心为根据布置，使每段钢箱梁吊起皆能最大程度保持平稳状态（直接使用结构模型定位中心，避免手动计算错误）。

钢箱梁吊耳布置需考虑起吊过程对结构的形变影响，吊耳需要布置于横隔板或腹板上方，吊耳间距离根据本工程构件的尺寸、结构形式考虑，不得超过 10m（图 4-85、图 4-86）。

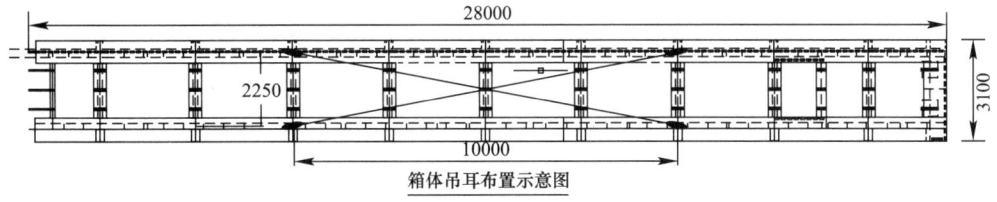

图 4-85　箱体吊耳布置图（1）

索具选用：

索具受力方式（图 4-87）。

最重构件为 43t，钢丝绳长 10m，通过计算每根钢丝绳所受拉力：$S=12.4t$；

取钢丝绳的安全系数为 6，则有 $P=6\times S=6\times124kN=744kN$；

取直径 36.5mm 钢丝绳，$F(36.5mm)=856kN>744kN$，钢丝绳的抗拉强度为 1700MPa 满足使用；按国家标准《重要用途钢丝绳》GB 8918—2006 规格参数如表 4-2 所示。

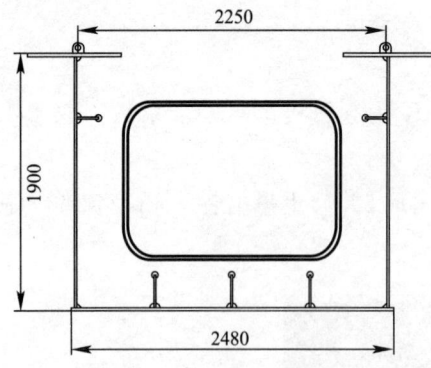

图 4-86 箱体吊耳布置图（2）

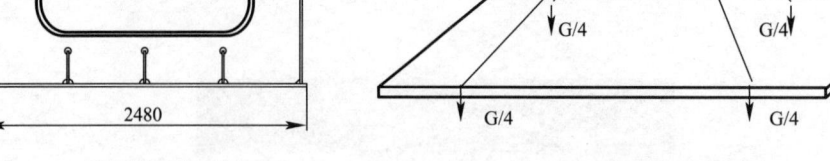

图 4-87 箱体吊耳布置图（2）

《重要用途钢丝绳》GB 8918—2006 规格参数表　　　　　表 4-2

直径 钢丝绳 (mm)	钢丝 (mm)	钢丝绳的抗拉强度（MPa）				
		1400	1550	1700	1850	2000
		钢丝破断拉力总和（kN）				
8.7	0.4	39.00	43.20	47.30	51.50	55.70
11.0	0.5	60.00	67.50	74.00	80.60	87.10
13.0	0.6	87.80	97.20	106.50	116.00	125.00
15.0	0.7	119.50	132.00	145.00	157.50	170.50
17.5	0.8	156.00	172.50	189.50	206.00	223.00
19.5	0.9	197.50	218.50	239.50	261.00	282.00
21.5	1.0	243.50	270.00	296.00	322.00	348.50
24.0	1.1	295.00	326.50	358.00	390.00	421.50
26.0	1.2	351.00	388.50	426.50	464.00	501.50
28.0	1.3	412.00	456.50	500.50	544.50	589.00
30.0	1.4	478.00	529.00	580.50	631.50	683.00
32.5	1.5	548.50	607.50	666.50	725.00	784.00
34.5	1.6	624.50	691.50	758.00	825.00	892.00
36.5	1.7	705.00	780.50	856.00	931.50	1005.00
39.0	1.8	790.00	875.00	959.50	1040.00	1125.00
43.0	2.0	975.50	1080.00	1185.00	1285.00	1390.00
47.5	2.2	1180.00	1305.00	1430.00	1560.00	—
52.0	2.4	1405.00	1555.00	1705.00	1855.00	—
56.0	2.6	1645.00	1825.00	2000.00	2175.00	—

卸扣选用（图 4-88、表 4-3）：

选用 25t 卸扣，25t＞13t

卸扣尺寸选择。

第4章 装配式市政桥梁施工方法研究

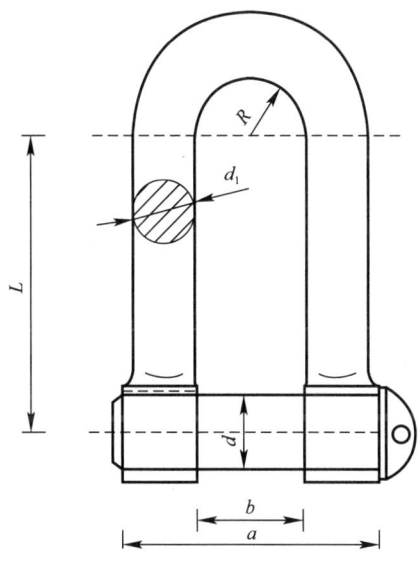

图4-88 卸扣示意图

卸扣选择情况表　　　　　　　　　　　表4-3

规格（t） \ 代号	1	a	b	d1	d	R	重量（kg）
250	600	575	225	160	185	120	543
200	450	470	200	130	165	102	267
150	400	410	180	110	145	92	200
100	495	395	145	110	130	80	206
75	373	365	135	100	110	72.8	141
60	348	330	130	90	110	67.5	107
50	348	310	130	80	90	67.5	75
40	310	285	115	70	80	60	54
25	273	230	110	60	70	52.5	32

注：1. 250t吊环和轴销材料均为20CrMnT1，螺母材料为A3钢；
　　2. 200、150t吊环和轴销材料均为20CrMn钢，螺母材料为A3钢；
　　3. 100t吊环螺母材料均为A3钢，轴销材料为40～45号钢。

则：25t＞13t，满足要求。

吊耳的设计与验算：

① 计算确定中心位置，用4个板式吊耳，对称于中心位置各布置2个，要求箱梁的中心要在两端吊耳的中点的连线所在的垂直面上，误差不超过10mm，以避免箱梁倾斜。

② 本工程吊装采用临时板式吊耳，吊耳材质为Q345B，板厚为40mm，耳孔附近焊接20mm的钢板加强。临时板式吊耳与钢箱梁顶板连接采用双面坡口全熔透焊接，按单个临时板式吊耳能承受20t荷载进行受力验算，板式吊耳大样图如图4-89所示。

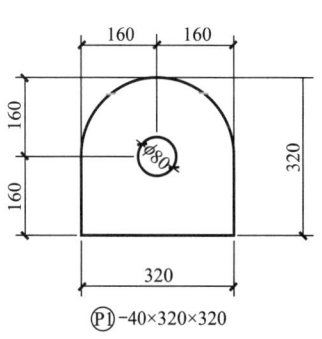

图4-89 吊耳设计图

121

③ 单个吊耳板孔强度验算

采用拉曼公式来对吊耳板孔进行抗剪强度校验。拉曼公式板孔校核表达式为：

$$\sigma = \frac{kP}{\partial d} \times \frac{R^2 + r^2}{R^2 - r^2} \leqslant [f_v]$$

式中

K——动载系数，$K=1.1$；

σ——板孔壁承压应力，MPa；

P——吊耳板所受外力，N；

∂——板孔壁厚度，mm；

d——板孔直径，mm；

R——吊耳板外缘有效半径，mm；

r——板孔半径，mm；

$[f_v]$——吊耳板材料抗剪强度设计值，120MPa。

$$\sigma = \frac{1.1 \times 20 \times 9800}{(40 + 20 \times 2) \times 80} \times \frac{160^2 + 80^2}{160^2 - 80^2}$$
$$= 56.2 \text{MPa} < [f_v] = 120 \text{MPa}$$

满足要求。

④ 单个吊耳板焊缝强度验算

当吊耳受拉伸作用，吊耳板采用双面坡口满焊时，可按对接焊缝校核，即：

$$\sigma_f = \frac{KP}{0.7(L - 2\delta) \times \delta} \leqslant f_f^w$$

$$\sigma_f = \frac{1.4 \times 20 \times 9800}{0.7 \times (320 - 2 \times 40) \times 40}$$

式中

σ_f——垂直于焊缝方向的应力，MPa；

K——动载系数，$K=1.4$；

L——焊缝长度，mm；

δ——吊耳板焊接处母材板厚，mm；

f_f^w——角焊缝的强度设计值，160MPa。

则：41MPa$<f_f^w=$160MPa。满足要求。

临时板式吊耳的安全验算满足要求。

耳板采用开50°的双面坡口预留2mm的钝边，全溶透焊缝，焊缝按照《路钢桥制造规范》TB 10212—2009 磁粉探伤检验焊缝质量，检测等级为Ⅰ级，吊耳板焊缝应为连续焊，不应有夹渣、气孔、裂纹等缺陷，虽然焊缝的强度计算满足要求，但由于吊耳板与设备焊接处产生的焊接应力及连接面较小产生的应力集中，使用吊耳时也不可能在设计的理想状态下受力等原因，可能造成设备局部变形或将母材撕裂等不良后果。因此，应对焊缝进行焊后热处理，以消除焊接应力，特别是当吊耳板的厚度达到规范要求焊后热处理的厚度时，必须进行焊后热处理。

钢箱梁吊装用吊耳按下图设计详图制作，焊接完毕后其焊缝由检测单位检测，合格后才能用于吊装作业（图4-90）。

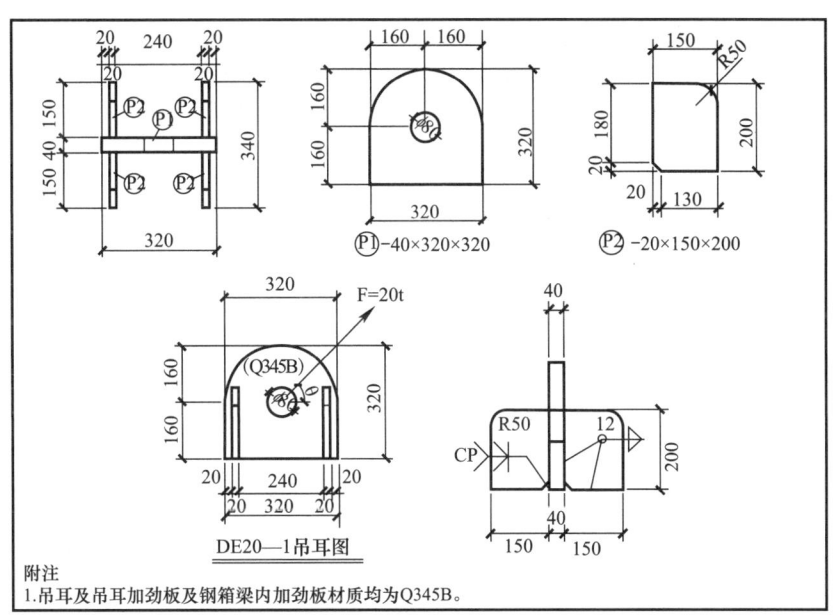

图4-90 吊耳详细设计图

吊机地基基础验算：

350t汽车吊用于钢箱梁现场吊装，钢箱梁最大重量为37t。350t汽车吊自重80t，吊具等工具重量3t，配重107t。汽车吊支腿处铺设2.4m×2.4m×0.16m的钢板箱，受力面积：$A=2.4\times2.4=5.76m^2$；$G=37+80+3+107=227t$；查建筑施工计算手册（第四版）吊装荷载及附加荷载时的稳定安全系数K，$K\geqslant1.15$。取$K=1.15$，进行计算：

$F=227\times10=2270kN$；

单腿受力取系数0.7，$F=2270\times0.7\div5.76=276kN$

$P=F\times K/A=276\times1.15/4=80kPa$

墩柱吊装作业区域位于原有城市道路上，地基承载力较好，一般可达150kPa。

$P=80kPa<150kPa$，鉴于安全考虑吊装前对地基承载力进行检测，如若不足考虑加大吊机支腿钢板箱。

现场吊装情况如图4-91、图4-92所示。

（3）钢箱梁焊接

为实现整体焊接变形的有效控制，焊接工作安排在一个整跨钢箱梁吊装完毕后进行。现场纵焊缝顺序为：底板对接→箱梁内腹板对接→加劲肋嵌补对接→顶板对接→桥面系附属件等焊接。

底板焊接从中间向两边分段、对称、同时施焊。腹板对称、同时施焊。顶板焊接从中间向两边分段、对称、同时施焊，顶板的填充、盖面由一台埋弧焊机从一端向另一端进行焊接。纵肋、U形肋嵌补段可以同时施工,先焊接对接焊缝,后焊接角焊缝(图4-93、图4-94)。

图4-91 钢箱梁吊装作业图

图4-92 钢箱梁吊装作业图

图4-93 焊接现场图

图4-94 钢箱梁底板焊后焊缝图

(4)连接梁及挑翼梁安装

每半跨的5段箱体梁吊装完成后,紧接着进行箱体间连接梁和两侧挑翼梁的安装,由于次梁段数量较多,计划使用25t汽车吊于两侧安装+35t自卸吊车于中间安装(图4-95)。

连接梁安装上后,螺栓紧固及调整使用剪刀形举高车和曲臂举高车进行作业(图4-96)。

(5)钢箱梁除锈、涂装

钢箱梁出厂对现场焊缝各预留150mm宽度不涂,以及1道面漆不涂,待钢桥梁整体施工完成后,对现场焊缝及焊缝两侧进行手动打磨,按要求涂刷各层油漆,最后全桥整体涂刷最后1道成桥面漆。

(6)梁段卸荷

① 在每套支架上的两根H型钢支撑柱间各放置一套液压千斤顶,将千斤顶升高并刚好接触箱梁底部;

② 割除掉支撑柱H型钢与底板接触处1cm,让梁段由千斤顶支撑;

③ 卸载前先在各个箱梁中部底板多处粘贴反光标,对卸载前的标点使用全站仪测量

位置及记录,在第一次卸载 1cm 后,进行全站仪第一次观测测量,记录整体箱梁下降和变形情况;

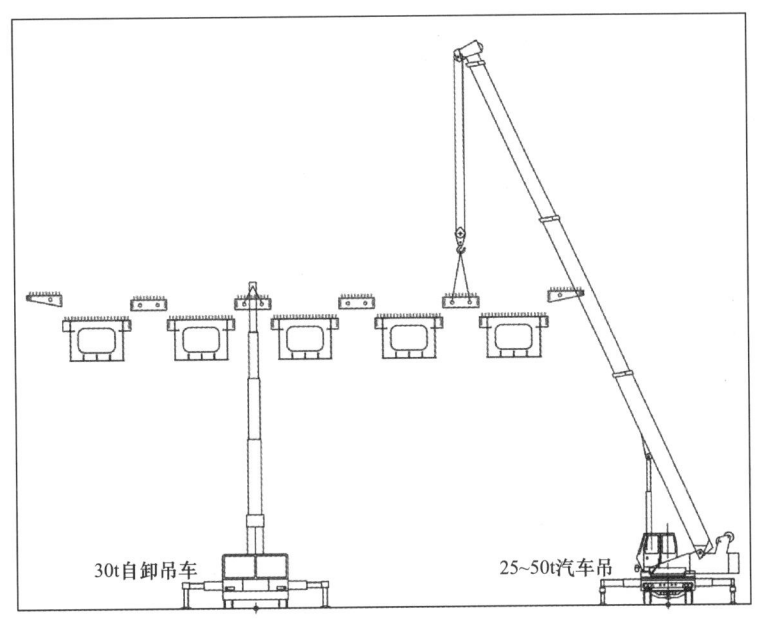

图 4-95　连接梁及挑翼梁吊装示意图

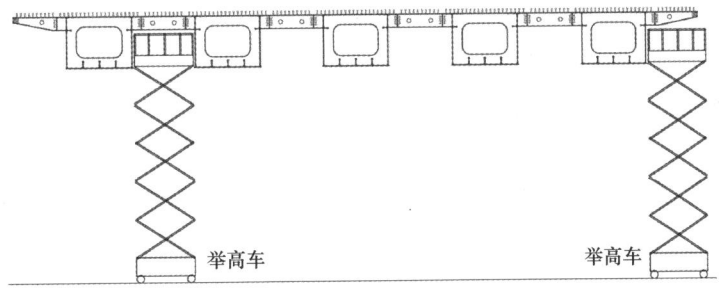

图 4-96　连接梁及挑翼梁安装示意图

图 4-97　连接梁和挑翼梁吊装图

④ 重复上述步骤，每次下降1cm，直至梁段不再下降，梁段自身受力，测量光标，记录卸载最后一次位移情况，检查是否符合设计要求的下沉允许值，如当下载过程可预见超出允许值，则立刻停止下载作业并通知监理和设计方，分析情况制定解决方案。

（7）支架拆除

将每个支架上方的H型钢柱拆除调离，再拆除支架间的连接撑杆；使用自卸车吊拆时，吊臂伸入支架台上方，松去钢平台与支架的螺丝，将平台吊落，接着一层一层分步将标准支架吊离；拆除上方支架平台及标准支架时，要保持下方底座与地面连接螺杆稳固连接，防止拆除过程中发生碰撞导致倾覆情况。支架拆除后钢箱梁挠度测量数据：

东新高架桥23-24轴组合钢箱梁桥面沉降观测记录

	观测点桩号		第一次 2019年06月12日			第二次 拆除支撑后6月13日			第三次 6月13日			第四次 6月14日		
			标高(m)	沉降量(mm)		标高(m)	沉降量(mm)		标高(m)	沉降量(mm)		标高(m)	沉降量(mm)	
				本次	累计		本次	累计		本次	累计		本次	累计
沉降观测记录结果表（桥面）	K4+651.183	左	20.239	0	0	20.23	−0.009	−9	20.234	4	−5	20.230	−4	−9
		中	20.53	0	0	20.525	−0.005	−5	20.527	−2	−7	20.529	−2	−9
		右	20.244	0	0	20.239	−0.005	−5	20.241	−2	−7	20.239	2	−5
	K4+660.183	左	20.271	0	0	20.217	−0.054	−54	20.214	3	−51	20.214	0	−51
		中	20.563	0	0	20.517	−0.046	−46	20.514	3	−43	20.516	−2	−45
		右	20.284	0	0	20.236	−0.048	−48	20.234	2	−46	20.234	0	−46
	K4+670.183	左	20.309	0	0	20.225	−0.084	−84	20.219	6	−78	20.219	0	−78
		中	20.601	0	0	20.524	−0.077	−77	20.521	3	−74	20.524	−3	−77
		右	20.301	0	0	20.223	−0.078	−78	20.219	4	−74	20.219	0	−74
	K4+680.183	左	20.298	0	0	20.217	−0.081	−81	20.211	6	−75	20.213	−2	−77
		中	20.581	0	0	20.508	−0.075	−75	20.504	4	−69	20.507	−3	−72
		右	20.266	0	0	20.191	−0.075	−75	20.188	3	−72	20.187	1	−71
	K4+690.183	左	20.234	0	0	20.185	−0.049	−49	20.182	3	−46	20.184	−2	−48
		中	20.528	0	0	20.484	−0.044	−44	20.483	1	−43	20.484	−1	−44
		右	20.213	0	0	20.166	−0.047	−47	20.166	0	−47	20.165	1	−46
	K4+699.183	左	20.198	0	0	20.192	−0.006	−6	20.196	−4	10	20.194	2	−8
		中	20.485	0	0	20.481	−0.004	−4	20.484	−3	−7	20.484	0	−7
		右	20.176	0	0	20.171	−0.005	−5	20.174	−3	−8	20.171	3	−5

东新高架桥 23-24 轴组合钢箱梁桥面沉降观测记录

观测点桩号			第 5 次 6月15日			第 6 次 2019/6/16 上午			第 7 次 6月16日下午			第 8 次 6月17日下午		
			标高(m)	沉降量(mm) 本次	累计	标高(m)	沉降量(mm) 本次	累计	标高(m)	沉降量(mm) 本次	累计	标高(m)	沉降量(mm) 本次	累计
沉降观测记录结果表（桥面）	K4+651.183	左	20.226	−4	−13	20.229	3	−10	20.230	1	−9	20.229	−1	−10
		中	20.522	7	−2	20.524	−2	−4	20.525	−1	−5	20.525	0	−5
		右	20.235	4	−1	20.238	−3	−4	20.235	3	−1	20.238	−3	−4
	K4+660.183	左	20.207	7	−44	20.208	−1	−45	20.212	−4	−49	20.207	5	−44
		中	20.510	6	−39	20.510	0	−39	20.513	−3	−42	20.512	1	−41
		右	20.227	7	−39	20.228	−1	−40	20.230	−2	−42	20.231	−1	−43
	K4+670.183	左	20.210	9	−69	20.213	−3	−72	20.216	−3	−75	20.211	5	−70
		中	20.514	10	−67	20.515	−1	−68	20.519	−4	−72	20.516	3	−69
		右	20.210	9	−65	20.212	−2	−67	20.214	−2	−69	20.214	0	−69
	K4+680.183	左	20.202	11	−66	20.206	−4	−70	20.209	−3	−73	20.206	3	−70
		中	20.500	7	−65	20.499	1	−64	20.503	−4	−68	20.500	3	−65
		右	20.179	8	−63	20.179	0	−63	20.180	−1	−64	20.181	−1	−65
	K4+690.183	左	20.175	9	−39	20.178	−3	−42	20.179	−1	−43	20.179	1	−42
		中	20.477	7	−37	20.479	−2	−39	20.480	−1	−40	20.479	1	−39
		右	20.156	5	−37	20.161	−5	−42	20.160	1	−41	20.160	0	−41
	K4+699.183	左	20.186	8	0	20.192	−6	−6	20.191	1	−5	20.191	0	−5
		中	20.479	5	−2	20.481	−2	−4	20.481	0	−4	20.481	0	−4
		右	20.166	5	0	20.171	−5	−5	20.170	1	−4	20.171	−1	−5

4.3.2 预制混凝土桥面板安装工艺研究

当钢箱梁架设完成后，桥面板达到存放龄期方可进行安装作业。预制桥面面板安装流程如图 4-98 所示。

（1）桥面板侧面凿毛

在桥面板的侧面凿毛处理，并检查桥面板外露钢筋是否生锈，对已生锈的钢筋进行除锈处理。

（2）桥面板装运

桥面板的装运根据安装需要进行，采用平板车运输，将桥面板转运到吊装位置，转运中预制板需按照简支板两端枕木支撑，预制板垫平稳，重叠板不超过 3 层，并进行固定牢固，以防止滑移和倾覆，造成板裂。

（3）测量放样

根据图纸的要求在钢箱梁顶板上测量弹出桥面板的具体位置边线，并安装定位桥面板吊装定位装置。

（4）安装密封防腐橡胶条

清除钢箱梁顶板表面杂物，在钢箱梁的顶板与桥面板

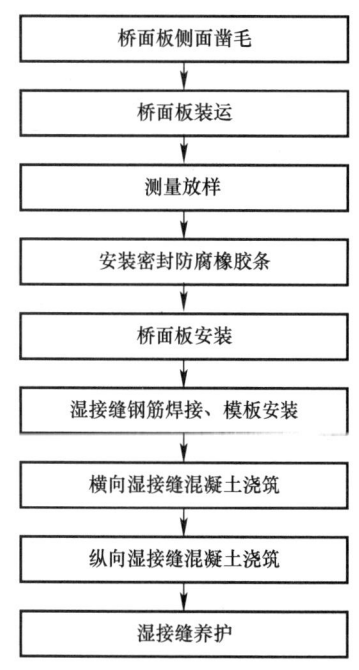

图 4-98 预制桥面板安装流程图

接触位置安装密封防腐胶条,保证密封防腐胶条表面平整、干净(图4-99)。

(5) 桥面板安装

为确保桥面板安装后钢梁的整体线形及钢梁承受荷载后下挠值,在安装桥面板时从每跨的中间均匀对称向墩顶方向有序安装。先中板、后边板原则,先横向再纵向,完成每跨桥面板的安装。

桥面板每块重约为3.8t,采用80t吊车进行吊装,起重荷载公式 $Q_j = K_1 \times K_2 \times Q$;$Q$ 为吊物和吊索的重量,动荷载系数 K_1 为1.1,不均衡荷载系数 K_2 为1.1~1.2。K_2 取最大值1.2,计算得:$Q_j = 1.1 \times 1.2 \times 3.8 = 5.016$,吊装时作业半径为16m,臂长24m,80t汽车起重机起重性能表可知:$Q_j = 5.016 < 8.1$,符合要求。

桥面板在安装之前在钢箱梁上翼缘板两侧边缘顺桥向及横梁上翼缘板横桥向通长粘贴可压缩的防腐橡胶条,然后吊装和安放混凝土桥面板,在混凝土桥面板的自重作用下,使橡胶条完全压密封闭。由于桥面板外伸钢筋、钢板梁上剪力钉较多,安装时注意相互之间的位置关系,防止相互冲突,如遇到外伸钢筋与剪力钉冲突,适当调整栓钉位置,栓钉间距控制在15~20cm(图4-100)。

图4-99 安装密封防腐橡胶条图　　图4-100 预制桥面板吊装图

(6) 湿接缝钢筋焊接、剪力钉及模板安装

钢筋连接采用单面搭接焊,焊缝长度要求满足≥10d,同时焊缝宽度、厚度要求达到桥梁施工规范要求。

采用了隔排剪力钉后装施工工艺,吊装预制桥面板后进行剩余剪力钉的焊接工作,焊接必须符合施工资料要求,不得漏焊等(图4-101)。

桥梁外侧两翼缘板处和伸缩缝处的横向湿接缝模板采用优质竹胶板,模板加工尺寸符合设计要求,加固牢靠、线型顺直。

(7) 纵横向湿接缝混凝土浇筑

湿接缝混凝土浇筑前,应清理垃圾和杂物,冲洗干净;对预制混凝土桥面板新旧混凝土接触面用水进行充分的湿润。湿接缝混凝土采用无收缩C50混凝土,浇筑顺序先浇筑纵向湿接缝,再浇筑横向湿接缝。

(8) 混凝土施工完毕后,即覆盖塑料薄膜,锁住水分防止早期收缩出现裂缝。2h后除去薄膜,进行2次收面,采用木抹子收平,及时覆盖土工布并洒水养护。

湿接缝混凝土强度达到设计强度70%时,方可拆除湿接缝的模板(图4-102)。

图4-101 湿接缝钢筋绑扎焊接图

图4-102 湿接缝现浇混凝土养护图

第5章 装配式市政桥梁信息化管理研究

5.1 BIM技术指导预制混凝土构件生产制作

5.1.1 预制混凝土构件产业化工厂场地布置

预制混凝土构件产业化工厂区别于传统的预制构件厂,更不同于现场施工,工厂化制造有其特点,预制混凝土构件制造工艺、工序及产业化工厂场地布置应满足衔接有序的技术设计,最大化的满足生产效益要求,避免物料、构件部品多次转运。

如图5-1所示,基于BIM技术,结合工厂生产设备,可以较直观地对产业化工厂进行场地模拟设计,根据业务需求,及时对场地布置进行微调,以适应生产资源最小化和生产效益最大化的目标。

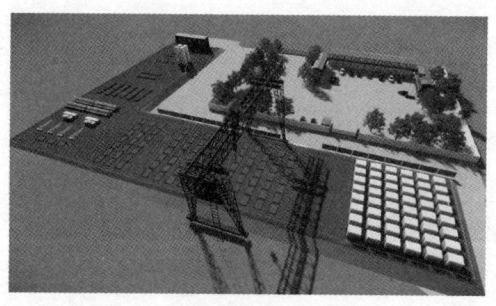

图5-1 BIM技术指导预制混凝土构件产业化工厂布置

5.1.2 预制混凝土墩柱生产制作

预制混凝土墩柱体量大、隐蔽工程安装精度要求高,制作过程需要完成钢筋笼横向制作、钢模整体翻转、混凝土立式浇筑等高难度工艺,生产过程中质量控制要点多,安全隐患大。借鉴普通预制混凝土柱的生产经验不足以较好的完成重型预制混凝土墩柱的大规模地高精度生产和控制。

基于此,应用BIM技术,参建的设计、生产、施工、监理各方开展协同深化设计,按生产施工工艺流程模拟建立实时的可视化模型,组织物、料、机开展生产施工。

如图5-2所示,应用BIM技术,开展钢筋排布模拟、钢筋胎架设计及碰撞检查等,指

第 5 章 装配式市政桥梁信息化管理研究

导高精度钢筋笼的制作,并对照 BIM 模拟过程实时检查,实现高精度钢筋笼可视化制作和隐蔽验收。

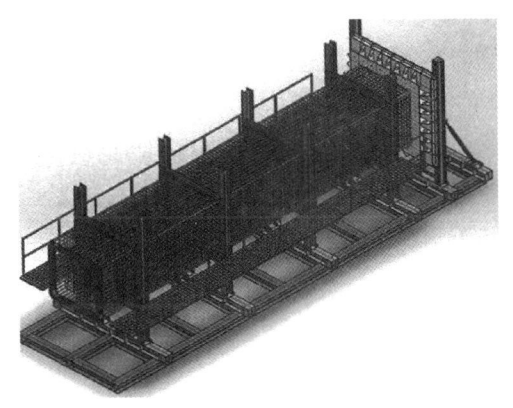

图 5-2 BIM 技术指导预制墩柱钢筋笼安装

如图 5-3 所示,应用 BIM 技术,开展预制混凝土墩柱钢筋笼横向制作-钢模整体翻转-混凝土立式浇筑等工艺工序的预演;开展了轨道、台车及翻转架的安装模拟,开展了侧面模板安装、墩柱钢筋笼吊装就位、顶面模板安装的模拟,开展了大体量高精度钢筋笼翻转的可视化模拟;细化了操作要点,明确了质量控制要点,消除了生产过程中安全隐患特别是翻身过程中的安全隐患。

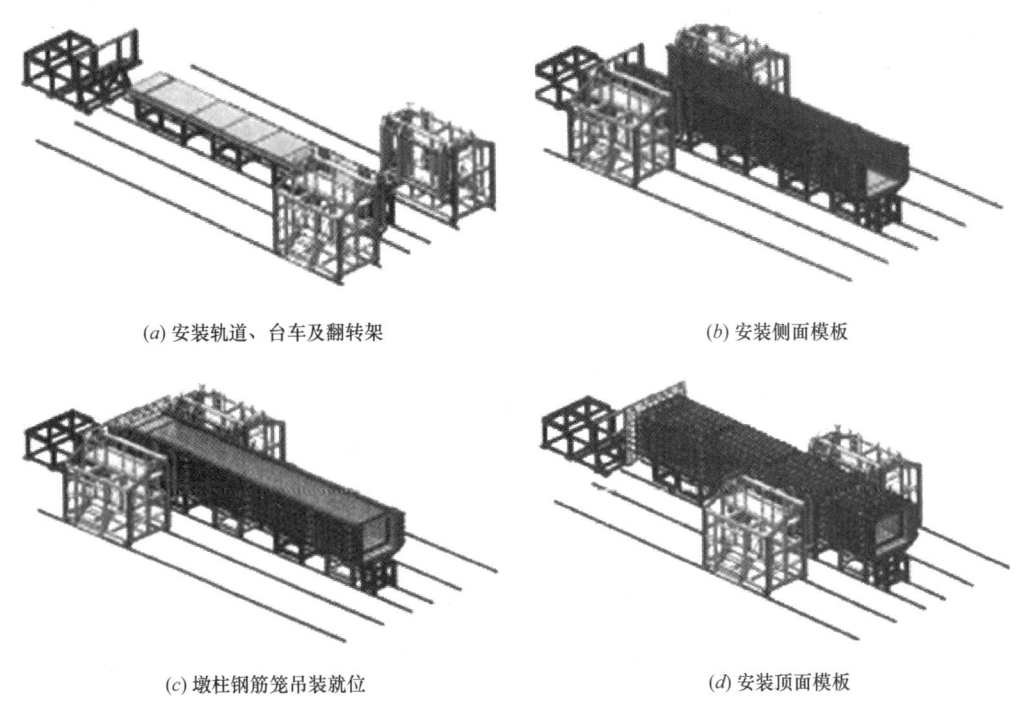

(a) 安装轨道、台车及翻转架　　(b) 安装侧面模板

(c) 墩柱钢筋笼吊装就位　　(d) 安装顶面模板

图 5-3 BIM 技术指导墩柱钢筋笼入模、翻转及固定全过程(一)

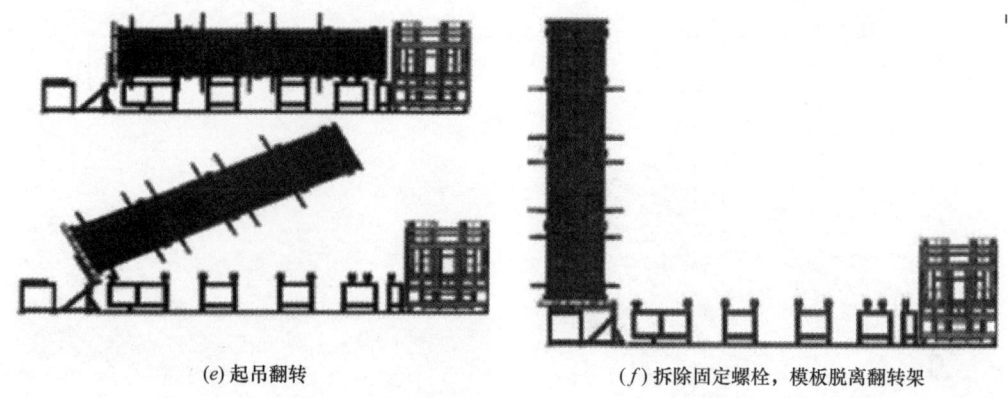

(e) 起吊翻转　　　　　　　　　　　　(f) 拆除固定螺栓，模板脱离翻转架

图 5-3　BIM 技术指导墩柱钢筋笼入模、翻转及固定全过程（二）

如图 5-4 所示，应用 BIM 技术，指导预制混凝土墩柱立式浇筑工艺工序的预演，开展了浇筑过程的全过程模拟和施工现场实时对照检查，细化了人、材、机和高空作业环境的组织实施，明确了质量控制要点，消除了高空作业过程中的安全隐患，减少了现场用工的工人需求，降低了现场的劳动强度。

图 5-4　BIM 技术指导墩柱混凝土立式浇筑

5.1.3　预制混凝土盖梁生产制作

如图 5-5 所示，应用 BIM 技术，指导预制盖梁盖梁生产用的钢模板体系研制，指导高精度盖梁生产用钢模板体系的制作，减少了材料的浪费，并对照 BIM 模拟过程实时跟踪，实现了可视化制作实时检查。

第 5 章 装配式市政桥梁信息化管理研究

图 5-5　BIM 技术指导预制盖梁盖梁生产用的钢模板体系研制

5.2　无人机航拍结合 BIM 技术

5.2.1　无人机航拍结合 BIM 技术开展施工场地布置预演

市政桥梁常受现场交通管制影响导致工期紧张、作业面狭小；现场所需物资、设备、机具等堆放常常杂乱无章，不可控安全隐患大；一般建设路线较长，需要大量的人力、物力去保障，不可控安全隐患大；存在因施工场地布置不合理导致施工现场作业效率降低甚至窝工的可能。鉴于此，提出在装配式市政桥梁建设过程中，使用无人机航拍控制并结合 BIM 技术对施工场地开展可视化布置，以期实现现场高效、安全管理。

1. 应用无人机航拍技术开展施工场地布置的优势

传统施工场地布置需要大量人力、物力，根据多方案比选，了解到无人机航拍控制技术存在以下优点：

（1）居高临下：无人机可以鸟瞰地面车流实况，有利于项目管理人员掌握全局、指挥和正确疏导。

（2）大范围：无人机可以低空飞行、路径短、速度快、变换视角灵活、活动范围大。

（3）高效率：无人机准备时间短，可随时出动，与其他交通工具或人工疏导相比，具有低投入、高效益的特点。

如图 5-6 所示，技术成熟的大疆 Mavic2 专业版具有轻便、机动性强及拍照清晰的特点，性能方面完全能满足现场场地布置需求，配合大疆的 DJIGSPro 软件，能预先设置好航拍的路径及拍摄位置的高度、角度等参数，完成航拍任务后自动返航到起飞点，起飞后无需人工干预即可实时将需要拍摄路段的照片传输到操作者的设备中。

2. 应用无人机航拍结合 BIM 技术开展施工场地布置的具体应用

（1）通过无人机航拍的鸟瞰照片对现场场地进行布置规划。如图 5-7 所示，对不合理的堆放区域特别是无法通过的路段及时沟通清理，尽可能避免运输车辆通道被乱堆乱放占用。

图 5-6 大疆无人机

图 5-7 对无法通过的路段，及时沟通清理

（2）装配现场施工前期，通过无人机航拍的鸟瞰照片即现场实际情况，利用 BIM 系统对现场平面、临设建筑、施工机具、运输通道等进行建模，对施工现场的空间布局（图 5-8（a））进行深化设计，最大程度优化平面道路、原材料及构件堆场，从而保证各个功能分区能高效运作且不会相互干扰，保证车辆的停放有序，特别保证预制混凝土构件安装场地空间布局（图 5-8（b）），合理调配大型起重机械卸车（图 5-8（c）），对现场所需物资堆放的位置科学布置（图 5-8（d）），保证卸车后不会影响到其他的施工车辆和机具的通过（图 5-8（e））等。

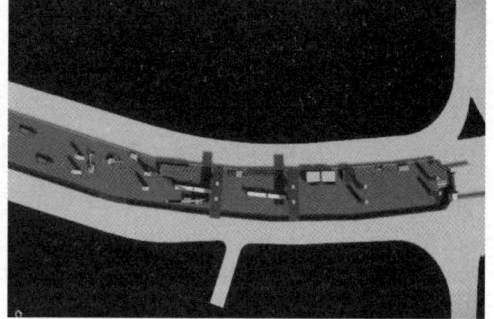

(a)

(b)

图 5-8 应用无人机航拍结合 BIM 技术开展施工场地布置（一）
(a) 无人机航拍结合 BIM 技术对施工现场布局；(b) 无人机航拍结合 BIM 技术对盖梁安装场地进行布置

(c)

(d) (e)

图 5-8 应用无人机航拍结合 BIM 技术开展施工场地布置（二）
(c) 无人机航拍结合 BIM 技术对大型起重设备进行布置模拟；
(d) 应用 BIM 技术科学合理堆放所需物资；(e) 应用 BIM 技术模型有序停放施工车辆和机具

5.2.2 无人机航拍技术控制物资运输车辆发车时刻

常规运输物资，需要安排多个疏导人员在运输路线上观察道路及交通情况，其效果受疏导人员的视野限制及对交通情况判断的经验的影响，往往达不到预想的效果，而且在交通繁忙的关键路段疏导人员自身安全得不到有效保障。在交通繁忙且工期紧张的预制装配式市政桥梁施工现场，装配的重型预制混凝土墩柱、预制混凝土盖梁、钢箱梁、预制混凝土桥面板、预制混凝土防撞栏板及其他配合作业的机具运输过程复杂且不可控因素较多，安全隐患大，如运输流程不畅存在工期无法保障的可能；材料堆放位置的不合理，车辆停放混乱等情况都会导致运输车辆到达施工现场无法卸车，一直停留在原地等候，或卸车后会影响其他车辆或机具的进入和正常施工的情况，如图 5-9 所示。

针对上述问题，通过无人机航拍对施工场地进行合理布局后，考虑应用无人机航拍技术

图 5-9 施工现场运输车辆等候图

控制物资运输车辆发车时刻，运输过程中仅需在运输车辆到达时在转弯位置安排人员辅助即可，大大减少了人员的投入、缩短了运输的时间，极大程度上保证了人员的安全，具体流程如下：

（1）无人机操作人员预先规划运输车辆运输路线，设置容易堵塞路段拍摄点，设置无人机航拍的起点和终点，设置各个飞行点的拍摄高度、拍摄角度参数，如图5-10、图5-11所示。

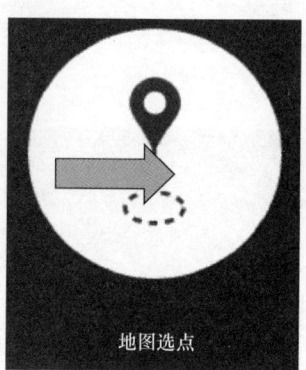

图5-10　无人机操作设置

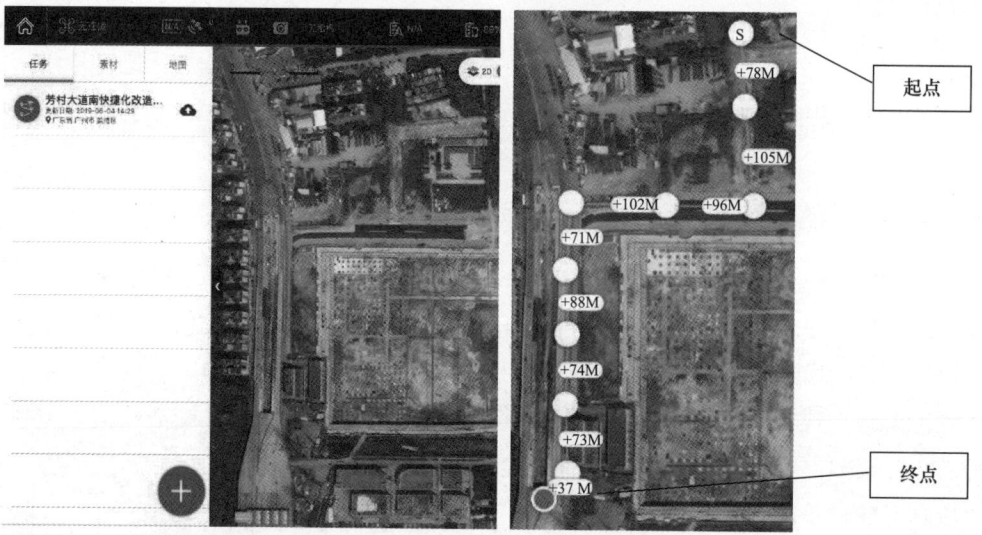

图5-11　无人机起终点定位

（2）运输车辆司机在预制混凝土构件等现场所需物资装车后于装车区域等待发车指令（图5-12）。

（3）无人机操作人员控制无人机在物资装车场地飞出，按预定的运输线路低空（高度约50m）飞往施工现场方向，定点航拍沿途的道路及交通情况（图5-13）。

（4）到达最后一个拍摄点时，无人机操作人员将无人机飞行高度提升至300m左右，悬停并旋转角度拍摄远处来往的运输车流，预测运输车辆到达时刻的交通状况（图5-14）。

第 5 章　装配式市政桥梁信息化管理研究

图 5-12　墩柱装车图

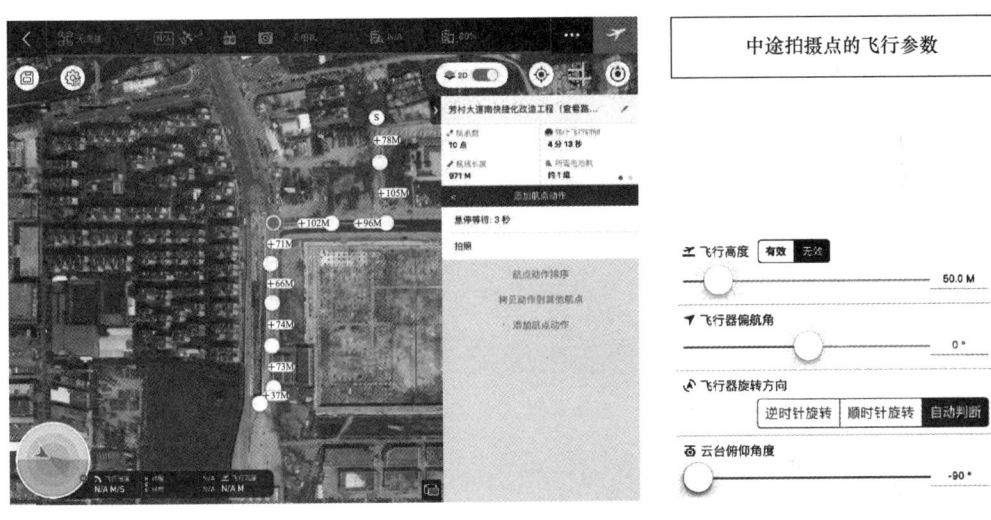

图 5-13　无人机中途拍摄参数调取

图 5-14　无人机终点拍摄参数调取

137

（5）现场项目部操作人员通过实时传输回来的航拍照片确定运输物资的发车时刻（图 5-15）。

（6）完成后自动返航，无需人工干预（图 5-16）。

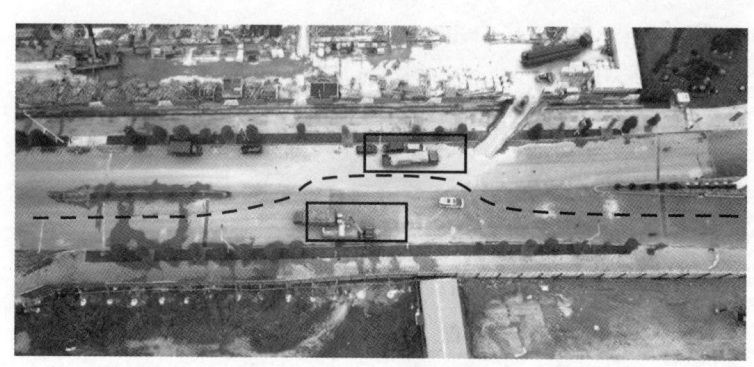

图 5-15　提前规划好路线

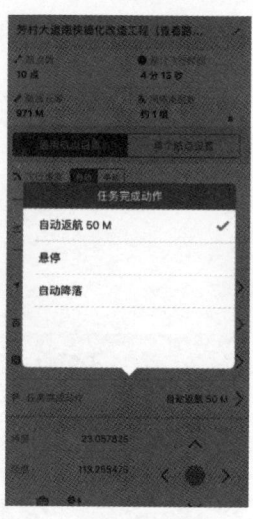

图 5-16　无人机自动返航

5.3　BIM 技术指导施工工艺工序预演

5.3.1　装配式市政桥梁施工预演

1. 市政管线空间布局及施工预演

装配式市政桥梁建设前期，参建各方（设计、生产、施工、勘察、监理等单位）应用 BIM 技术开展协同设计，结合既有工程实际提前对地上地下部分进行模拟，对市政管线布局提前筹划（图 5-17），制定最优施工方案，提前制定各专业施工方案，避免出现因安装顺序、安装空间不够等问题造成返工。

2. 装配式市政桥梁建造方案及工序预演

基于综合优化后的 BIM 模型，对装配式市政桥梁混凝土预制构件安装工序进行预演，通过动画的方式表现施工进度安排情况，明确各关键工序人、材、机参与情况，使施工人员直观、快速地了解施工工艺，加快施工进度（图 5-18）。

图 5-17　BIM 技术模拟地下管线安装

第 5 章 装配式市政桥梁信息化管理研究

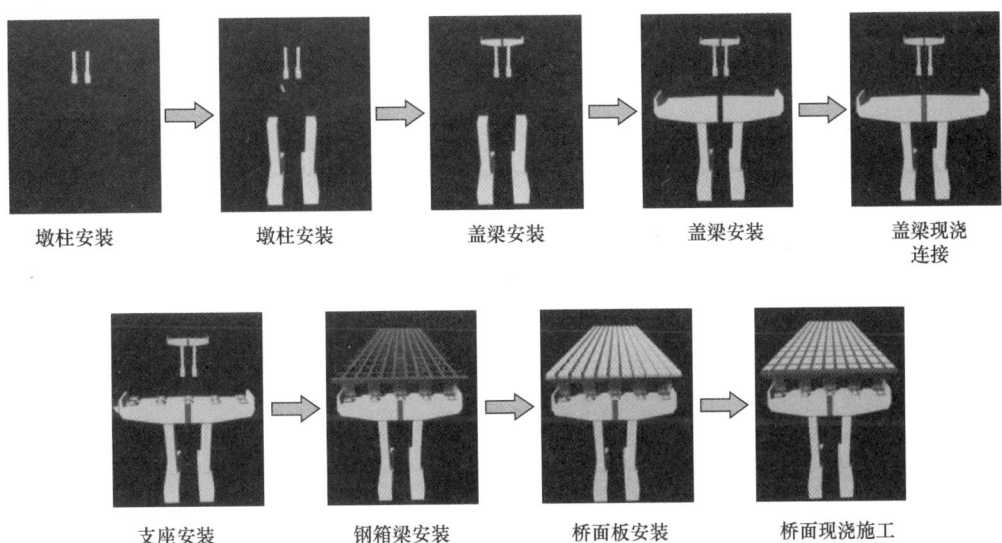

图 5-18 BIM 技术模拟市政桥梁建造工序

5.3.2 装配式市政桥梁预制混凝土墩柱-盖梁安装预演

1. BIM 技术指导重型预制混凝土墩柱的吊装

重型预制混凝土墩柱在翻转、安装过程中安全隐患大，采用 BIM 技术可提前预演施工工序，提前谋划现场吊装方案，优化安装操作要点，提前找出安装安全控制盲点，确保现场安装有序进行（图 5-19）。

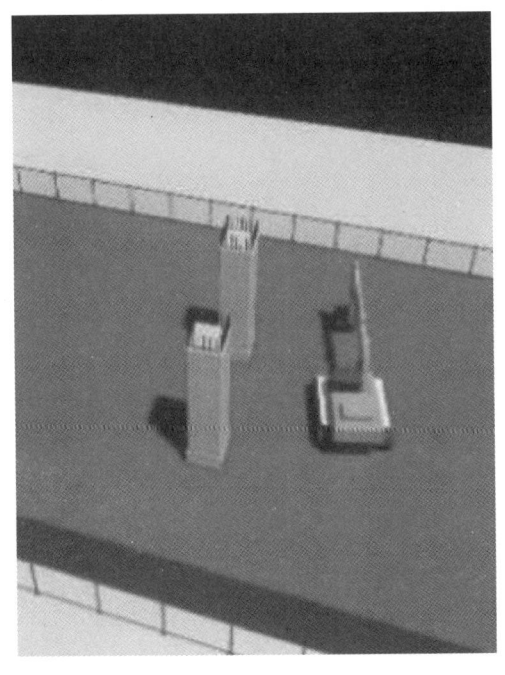

图 5-19 BIM 技术指导重型预制混凝土墩柱的吊装

2. BIM 技术指导预制混凝土盖梁支撑系统的设计与安装

(1) BIM 技术指导预制混凝土盖梁可调节操作平台系统的研制

如前文图 4-32 所示，预制混凝土盖梁施工前期，采用二维设计模式很难对预制混凝土盖梁可调节操作平台系统进行可视化研制，技术管理人员也很难对一线操作工人进行直观地、快速地、准确地技术交底。基于此，应用 BIM 技术，建立可视化三维模型，明确作业工序，确保质量安全控制要点得到可视化控制，如图 5-20 所示。

(2) BIM 技术指导支架顶端的可调节模块设计及安装

为保证预制混凝土盖梁吊装施工顺利进行，提高预制混凝土盖梁之间的安装拼接精度，采用 BIM 技术模拟拼装全过程，选定二次吊装施工工艺：在支架顶端设计可调节限位模块装置，第一次试吊校正后让限位装置固定限位，然后移开盖梁构件进行坐浆施工，坐浆完成后再进行正式吊装。如前文图 4-33、图 5-21、图 5-22 所示，由于有可调节限位装置辅佐，预制混凝土盖梁吊装时无需进行大幅度调整，预制混凝土盖梁与预制混凝土墩柱之间的连接质量可得到较大的提高。

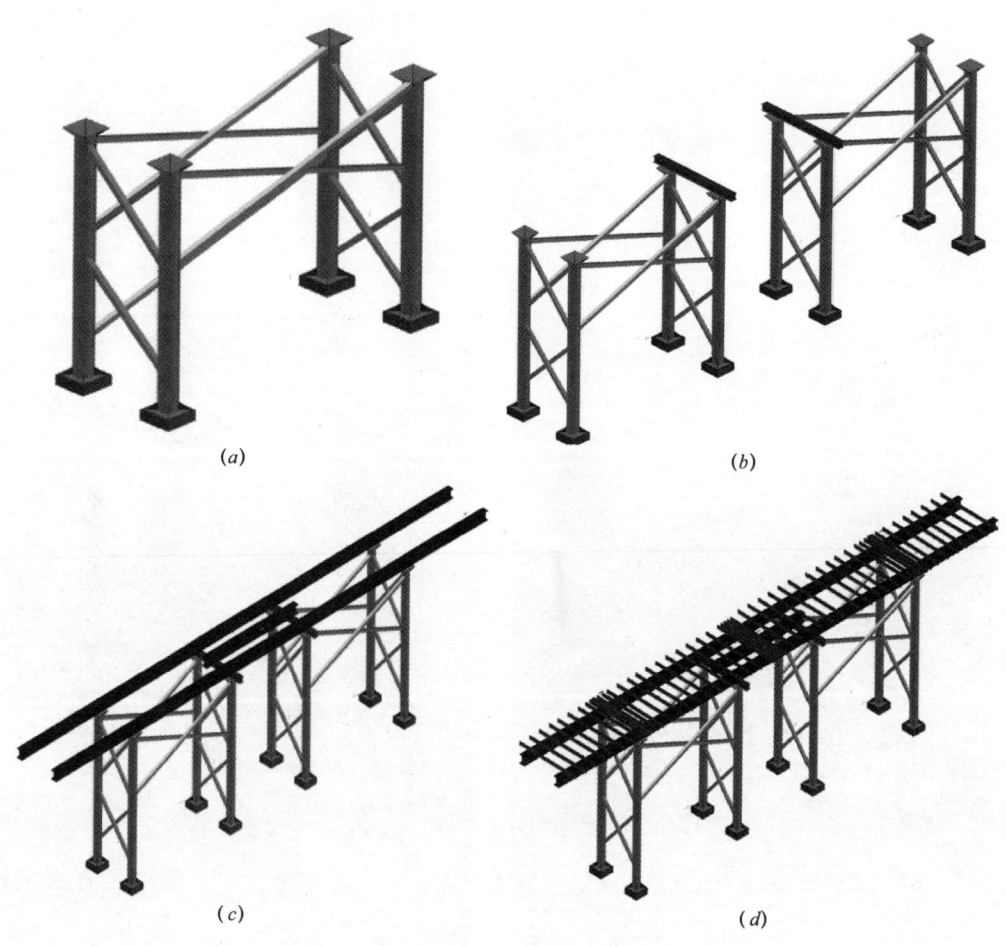

图 5-20 BIM 技术指导盖梁可调节平台系统设计及安装（一）

(e) (f)

图 5-20　BIM 技术指导盖梁可调节平台系统设计及安装（二）

 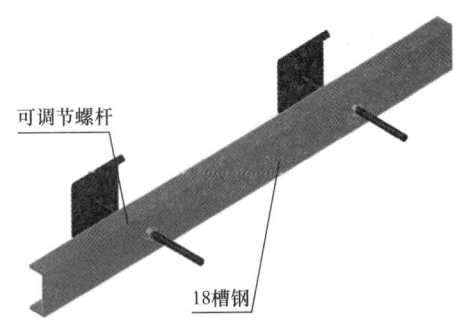

图 5-21　BIM 技术指导支撑体系限位装置安装　　图 5-22　BIM 技术指导盖梁限位框架设计

3. BIM 技术指导预制混凝土盖梁二次吊装

预制混凝土盖梁采用二次吊装方案，采用 BIM 技术可提前预演吊装工序，优化二次吊装操作要点，提前找出吊装安全控制盲点和质量控制盲点，确保现场安装有序、准确、高效地进行（图 5-23）。

图 5-23　BIM 技术指导预制混凝土盖梁二次吊装

5.3.3　装配式市政桥梁上部结构施工预演

装配式市政桥梁上部结构施工工艺流程主要包括：U 形钢箱梁安装临时支架搭设→U 形钢箱梁安装→梁段间焊接及焊接质量检验→安装连接梁和挑翼梁→梁体除锈涂装→梁段

卸载→临时支架拆除→预制混凝土桥面板安装→湿接缝钢筋焊接、模板安装→横向、纵向湿接缝混凝土依次浇筑、养护等。

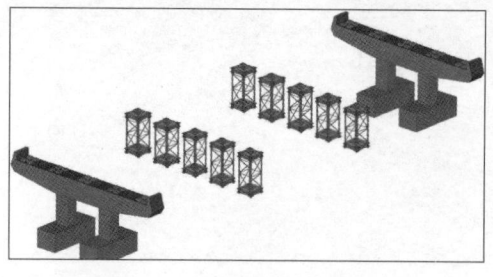

图5-24　U形钢箱梁临时支架搭设模拟

装配式市政桥梁上部结构施工方案编制前，参建各方在同一界面和标准下有效沟通，建立BIM模型，在施工过程中，按照实时模型依次开展施工工艺工序预演，对构配件运输、堆放、支撑、吊装、调整、固定、连接、成品保护等工序进行技术攻关和工艺工序预演及优化，进行施工进度、质量控制，排除现场安全管理隐患，达到降低成本，缩短工期的目的（图5-24～图5-30）。

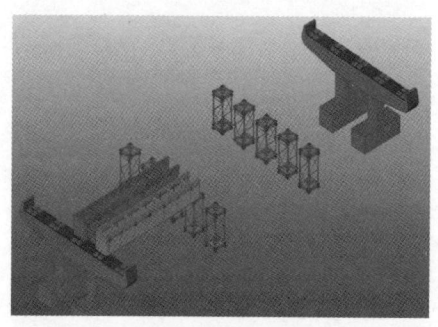

图5-25　U形钢箱梁梁段吊装作业模拟

图5-26　U形钢箱梁吊装作业模拟

图5-27　U形钢箱梁现场吊装作业

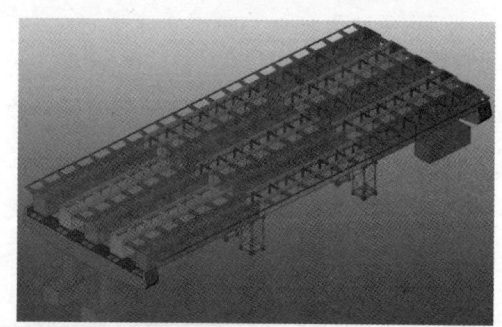

图5-28　散装连接梁和挑翼梁模拟

图5-29　散装连接梁和挑翼梁现场吊装

图5-30　BIM技术模拟钢箱梁接口连接安装

参 考 文 献

[1] 刘钊，邢渊，贺志启，马增，田飞. 槽形钢梁-预制混凝土桥面板组合箱梁设计研究［J］. 桥梁建设，2016，46（06）：35-39.

[2] 邱柏初. 预制桥面板在组合梁桥中的应用研究［J］. 世界桥梁，2011（06）：30-33.

[3] 夏樟华，邵淑营，葛继平. 美国华盛顿州桥梁快速施工技术研究与实践［J］. 世界桥梁，2017，45（06）：1-6.

[4] 高昇伟. 市政桥梁预制拼装施工技术［J］. 建筑施工，2020，42（04）：593-595.

[5] 王宇，高志楼. 预制盖梁在市政桥梁中的应用及研究［J］. 建材与装饰，2018（07）：247-248.

[6] 张帅，程保全，曾鹏飞. 装配式桥梁的过去和未来［J］. 住宅与房地产，2018（19）：254.

[7] 许逸雪. 装配式组合连续梁桥的钢箱梁设计原理研究［D］. 重庆交通大学，2018.

[8] 曹君辉. 钢-薄层超高性能混凝土轻型组合桥面结构基本性能研究［D］. 湖南大学，2016.

[9] 郑晗. 钢-UHPC轻型组合桥面全过程及空间受力性能研究［D］. 湖南大学，2016.

[10] 李懋军. 波形顶板-UHPC组合桥面板中组合销剪力连接件的力学特性研究［D］. 西南交通大学，2017.

[11] 李菁，朱志华. 预制墩柱的施工技术及其特点分析［J］. 公路交通科技（应用技术版），2016，12（03）：18-19.

[12] 郑晏华. 装配式桥梁桥墩预制工厂流水线的设计［J］. 建筑施工，2019，41（03）：351-353.

[13] 郑晏华. 装配式城市高架桥预制桥墩、桥梁的运输方法［J］. 建筑施工，2019，41（03）：354-355.

[14] 郑晏华. 用于装配式桥墩现场快速拼装的成套集成系统［J］. 建筑施工，2019，41（03）：356-357.

[15] 金乃. 装配式桥梁预制立柱吊装吊点的比选［J］. 中国市政工程，2018（03）：38-41+117.

[16] 尹富秋. 中心城区高架桥桥墩预制拼装施工关键技术［J］. 施工技术，2017，46（12）：80-82.

[17] 郑晏华. 装配式高架桥预制立柱的精度控制方法［J］. 建筑施工，2019，41（03）：360-362.

[18] 宋宇锋，兰文亮. 装配式桥梁盖梁计算方法研究［J］. 佳木斯大学学报（自然科学版），2018，36（03）：340-342.

[19] 刘传飞. 装配式桥墩UHPC连接节点力学性能研究［D］. 华南理工大学，2019.

[20] 李志峰. 基于BIM技术装配式钢板组合梁桥参数化设计及虚拟施工研究［D］. 长安大学，2019.

[21] 陈家勇，刘钊. 装配式盖梁与墩身的连接构造形式探讨［C］. 中国公路学会桥梁和结构工程分会、辽宁省公路学会、中朝鸭绿江界河公路大桥项目指挥部. 中国公路学会桥梁和结构工程分会2013年全国桥梁学术会议论文集. 中国公路学会桥梁和结构工程分会、辽宁省公路学

会、中朝鸭绿江界河公路大桥项目指挥部：中国公路学会，2013：567-571.
［22］ 程永欢. 某独柱接盖梁支承装配式小箱梁桥减隔震设计［J］. 内蒙古公路与运输，2016 (02)：9-12.
［23］ 侯凤国，周航. 浅谈城市高架全预制拼装工业化建设［J］. 江西建材，2016 (07)：69＋76.
［24］ 王晟，桂晓明，宁平华，乐小刚，钟洲，罗永乐. 全装配式桥梁在国内的发展与建设经验［J］. 公路与汽运，2019 (03)：151-154.